互联网＋视域下大学英语教学的创新探索

苑丽英 著

吉林人民出版社

图书在版编目 (CIP) 数据

互联网 + 视域下大学英语教学的创新探索 / 苑丽英著
. -- 长春 : 吉林人民出版社 , 2019.10
ISBN 978-7-206-16477-4

Ⅰ . ①互… Ⅱ . ①苑… Ⅲ . ①英语 – 教学研究 – 高等
学校 Ⅳ . ① H319.3

中国版本图书馆 CIP 数据核字 (2019) 第 238558 号

互联网 + 视域下大学英语教学的创新探索
HULIANWANG + SHIYU XIA DAXUE YINGYU JIAOXUE DE CHUANGXIN TANSUO

著　　者: 苑丽英
责任编辑: 王　丹　　封面设计: 优盛文化
吉林人民出版社出版 发行（长春市人民大街 7548 号）　邮政编码: 130022
印　　刷: 定州启航印刷有限公司
开　　本: 710mm × 1000mm　　1/16
印　　张: 11.25　　字　　数: 205 千字
标准书号: ISBN 978-7-206-16477-4
版　　次: 2019 年 10 月第 1 版　　印　　次: 2019 年 10 月第 1 次印刷
定　　价: 49.00 元

前　言

目前，中国正处于现代化转型阶段，教育要从过去的“追求成绩和统一”“强调苦学和服从”转型为“追求质量和个性”“强调幸福和尊严”，教育公平要从实现配置公平、机会公平向实现获得公平转型。这些重大现实问题的解决需要新思路，以互联网为代表的新一代信息技术在教育领域的跨界融合，既可以实现传统教育所关注的规模，又可以实现优质教育所关注的个性化，从而解决教育中“规模和质量”无法同时兼顾的永恒矛盾。“互联网 + 教育”的跨界融合，将对课程、教学、学习、评价、教师发展等教育主流业务产生系统性影响。

同样，互联网技术在外语教学领域的应用也推动了大学英语教学的发展。综观英语教学的发展历史，每一种教学理论、教学流派在教学中的实践都与技术相关。具体而言，互联网技术的每次飞跃都深刻地影响和改变着英语教学；另外，语言本质理论、语言学习理论、教育学理论等又为互联网与大学英语教学的结合提供了理论指导。教育互联网的发展也使英语学习者正在形成一种新的认知空间和心理空间。基于此，特策划并撰写《互联网 + 视域下大学英语教学的创新探索》一书，以期推动大学英语教学改革，培养出多层次、多视角思维方式的合格英语人才。

本书共包含七章。第一章开篇明义，对互联网 + 的发展历程、现状概述及给我国高等教育带来的机遇和挑战进行分析和探讨。第二章对大学英语教学的现状、影响因素、方法和原则等理论基础进行探讨。第三章将互联网 + 和大学英语教学进行结合。第四章论述了互联网 + 视域下大学英语教学模式的创新，分别探讨了慕课、翻转课堂、微课这三种教学模式。第五、六章是理论与实践的结合，对互联网 + 视域下大学英语的基础知识和听说读写译等英语技能教学展开分析。第七章阐述了互联网 + 视域下大学英语自主学习监控理论。

本书基于互联网+的大背景，以大学英语教学现状为基础，从实用角度出发，并结合当前大学英语教学的特点，探究了如何利用互联网技术服务于大学英语教学。在内容上，本书做到了理论与实践的结合，内容翔实，有理有据，容易被读者接受，所提出的教学方法与提升技巧具有可行性。对于读者而言，本书具有重要的学习价值。

本书在撰写的过程中参阅了大量有关"互联网+"与大学英语教学的书籍和期刊文献，同时为了保证论述的全面性与合理性，本书也引用了许多专家、学者的观点。在此，谨向以上相关作者表示最诚挚的谢意。由于笔者水平有限，书中难免存在疏漏之处，恳请广大读者不吝指正。

苑丽英

2019年7月

目 录

第一章　互联网 + 的发展历程与现状

第一节　互联网 + 的发展历程

当前，互联网 + 在各个领域得以应用，既然本书侧重于外语教学，那么就需要审视互联网 + 在外语教学中的发展历程。

互联网技术不仅在人类教育发展的历程中起着重要的促进和支撑作用，还是推动着教育模式演变的一股重要力量。互联网技术与外语教学的结合是当前外语教学改革的核心问题。纵观外语教学的发展历史，每一种教学理论、教学流派在外语教学中的实践都与互联网 + 的发展有着密切关系。首先，互联网技术的每一次发展都会影响与改变着外语教学。其次，语言学习理论与教学理论的发展又为多媒体与外语教学的整合提供了重要的理论指导。很显然，互联网技术在外语教学中的每一次应用都不断地扩展着信息的广度与深度。

一、19 世纪末至 20 世纪中期的状况

19 世纪末至 20 世纪中期，近代互联网技术迅猛发展，其特点就是电能与信息的结合。在外语教学中，主要的互联网技术就是视听媒体的应用。这些新型的教学媒体向学生提供了生动的视觉信息和听觉信息，使外语教学取得了很大的成就。其中，幻灯片、电视、留声机、录像、广播在这一时期使用广泛。下面主要对听觉媒体、视觉媒体、语言实验室展开论述。

（一）听觉媒体

所谓听觉媒体，是指发出的信息主要对人的听觉器官产生作用的媒体，如收音机、留声机、录音机、电话等。20 世纪初期，与外语教学密切相关的留声机研

究兴起，同时也产生了一些数量可观的论文。其中，克拉克（Clarke）曾发表了关于留声机的文章，文章说留声机对外语教学有极大的帮助，且教学实验也十分成功。在克拉克的实验中，也证明了其比传统教学更能激发学生的好奇心和学习动机，从而增强学生的记忆力。

1912年，世界上第一教育广播的出现标志着收音机进入外语教学层面。作为留声机引入外语教学领域的延伸，收音机具有明显的优势，使其可以远距离展开教学。1920年之后，广播教育也开始兴起，如马可尼剑佛电台播出的教育节目、美国俄亥俄广播学校的成立等。无论距离有多远，只要有收音机，那么你就可以收听其教学。

电话作为一种听觉媒体，随着它的出现和普及，且费用的降低，其在教学中的应用也占据了一席之地。电话辅助语言教学与传统正规课程的区别在于：学生可以通过电话来获取帮助或者进行反馈，也可以通过电话对学生进行测评。之后，讲词提示装置（teleprompter）可以大大提高电话辅助外语教学的功能，其主要是由两个电话机和一个电子控制播放器构成的，这种改进的电话能够帮助教师与学生间创造真实的交谈环境，如可以将学生分入不同的房间，或者在同一房间被分隔开，进行电话交流。

（二）视听媒体

所谓视听媒体，是指发出的信息主要对人的视觉、听觉器官产生作用的媒体。

19世纪末，受夸美纽斯（Comenius）的直观教学理论的影响，有学者开始探索使用幻灯来进行外语教学。1906年，美国宾夕法尼亚州的一家公司还出版了《视觉教学》一书，其中的主要内容是向教师介绍如何摄制照片，如何制作幻灯片、使用幻灯片等。

1920年，无声电影在外语教学领域开始使用，一些电影短片被分配给学校使用。1929年，有声电影也很快被应用到外语教学中，随着无线电技术的发展，有声幻灯片、无线电播音也在学校应用开来。

随着有声电影的发展，视听教学也逐渐向前发展，电视、电影、录像等在外语教学中的应用也更为频繁。

（三）语言实验室

1939年，美国一些高校开始使用录音磁带的录音机来辅助教学。之后，以录音机作为主要设备的语音实验室诞生，并在外语教学中广泛推广。20世纪50年代，听说教学法广泛运用，这时的语言实验室也进入了黄金时期。

著名学者安德森（Anderson，1964）指出，“语言实验室的主要目的是为学习者提供一种学习经验，使学习者能够毫不迟疑地自动输出口语内容，而这就需要大脑来辅以分析支持”。洛奇（Lorge，1965）认为，“语言实验室就是为了外语课堂而发明的，其对于外语教学而言意义重大”。他还指出，在语言实验室中，为了能够达到学习目的，模仿式的练习可以被评判、录制和删除。

但是，伴随着语言实验室的蓬勃发展，有学者对语言实验室提出了质疑。学者基庭（Keating，1963）认为语言实验室的建设是一种非常大的耗费。在基庭的研究中发现没有利用语言实验室的学生的成绩要明显好于使用语言实验室的学生的成绩。基庭的研究受到了很多学者的批评。洛奇的实验证明：语言实验室应用于外语教学是具有积极作用的。他比较了三个年级法语班运用语言实验室的教学结果，比较的变量包含：朗读一篇法语报纸中的短文时的发音是否准确，语调是否正确；用法语回答问题是否流利，语法结构是否正确；听语速慢和语速快的口语材料产生的区别；做书面的多项选择和填空的词汇、语法、阅读等。比较的结果表明：一年级学生有良好的流利程度；二年级学生的流利和语调都比较好；三年级学生在慢速和快速听力材料上都表现良好。直到20世纪70年代，语言实验室仍然受到很多学者的推崇。

二、20世纪六七十年代的CALL（计算机辅助语言学习）

随着计算机的问世，人类进入现代信息时代，当时就有人提出将计算机应用于语言教学。20世纪50年代，计算机开始使用晶体管，其体积也在逐渐缩小，运算的速度却大大提升。到了20世纪50年代末期，出现了第一个计算机辅助语言学习CALL程序。同时，以心理语言学家斯金纳为代表的行为主义理论也在该领域盛行起来。

20世纪60年代是计算机应用于语言教学实践的开拓时期，而整个20世纪六七十年代是以计算机为核心的信息技术的发展时期。很多教学研究者、语言学家、工作者等开始运用计算机，这都为计算机辅助语言教学的改革奠定了基础。这一时期也是互联网+技术发展的重要阶段。

（一）斯坦福计划

20世纪60年代，美国斯坦福大学社会科学系中数学研究学院开发了计算机辅助教学的项目。最初，这一项目是与IBM公司合作的，而后获得了联邦政府的帮助。其中的外语词汇学习研究对于CALL的设计有着极大的启发作用，因为其理论是建立在数学学习理论上的，而不是建立在外语教学操练上。1967年，理查德等人（Richard Atkinson et al.）建立了计算机课程公司，该公司将英语视为外语教学来进行分析和探究。同一年，理查德等人研发了一套一年级至六年级的计算机辅助教学程序，简称 CAI 程序，并使用这一程序对成千上万的学生进行测试，然后探究其学习效果。

在斯坦福计划中，斯拉夫语系的梵（Van Campen）主要负责 CAI 的子项目。在早期的研究中，梵从俄语计算机教学入门课程入手，将大部分的教学资料储存在计算机里，虽然这一练习方式与传统的俄语教学类似，但是其学习资料是运用程序的方式呈现的，且具备补课程序和保存学生学习成绩的功能，这明显优于传统课堂教学。另外，梵还分析了计算机控制程序和学习者控制程序的问题，在前者中，计算机控制学生的学习顺序和学习难度；在后者中，学习者控制学习决策。根据梵的研究发现，计算机控制程序要比学习者控制程序有效得多。这一研究成果为以后的个别化教学模式开辟了道路。

在这些课程的开发中，斯坦福的硬件设备也在逐步改善，电话被双语可视的播放系统，即 VDU 取代；录音机被计算机生成的听力系统取代。

（二）PLATO 系统

1960 年，美国伊利诺伊大学开发了 PLATO 系统，建立这一系统的目的主要是为了各大学开设基于计算机的外语教学课程。PLATO 系统对于计算机辅助教学有着深远影响。其教学功能包含：给学生以大量学习包；提供注释文件式的交际系统，从而支持师生间与生生间的交流与合作。科庭（Curtin，1972）是第一位使用 PLATO 系统进行语言教学的教师。科庭教授主要是教授俄语翻译成英语的翻译课，且针对笔译。在他的研究中，基于计算机的学习系统会激发学生的视觉刺激，从而作出高频率的反应，且学习者会全神贯注于听课。在进行翻译训练时，该系统还可以为学生提供互动环境。

20 世纪 70 年代，PLATO 系统进行了重大的改进，且其覆盖语言教学的领域也逐渐扩大，教学内容以训练和练习为主。其中，练习主要是根据某一种语言的特征来设置。PLATO 制作语言学习资料的主要动机就在于语言学习的实践性，而不是为课程设计提供抽象理论。另外，PLATO 系统一直在不断向前发展，甚至从 20 世纪 60 年代末期就具备了互动性的特征，如其终端可以让教师自己制作各种图形，或者可以使用罗马字体之外的其他字体来演示。

（三）Dartmouth 系统

20 世纪 60 年代，Dartmouth 学院建立了 Dartmouth 程序，向使用者提供了互动支持的系统，该系统能够使计算机的反应速度达到与使用者互动的程度。尤其是 Dartmouth 专门为新手设计了一个 BASIC 程序，这在世界上有着深远的影响。

Dartmouth 程序的设计非常注重处理学生答案中的错误，他们开发了非常复杂的改错程序，从而帮助学生发现自己的打印错误，并将注意力集中于测试的内容上。同时，Dartmouth 的互动硬件与便利的软件资源相结合，有助于激发设计者更注重学生的需求。

（四）TICCIT 项目

1971 年 10 月，MITRE 公司向美国国家科学基金会提交了开发 TICCIT 的申请，其目的是利用 Texas 大学与 BYU 大学的资源传输系统进行全面的教学程序设计，便于向两所大学输送完整的英语语法、写作、几何课程等内容。这一项目虽然投入了大量的资金，但是其硬件、软件、课件、辅助资料的开发也开启了 CALL 发展史上的里程碑。

1974 年，TICCIT 开发的课件与凤凰学院、弗吉尼亚大学等联合运用。20 世纪 70 年代，TICCIT 的研究者又开发了录像光盘技术，这一技术在当时 CALL 的发展历史上可谓是一个里程碑。

利维（Levy，1997）认为，TICCIT 是第一个真正意义上由一定教学理论为依据开发的多媒体系统，其核心在于学习者控制性能。学习者控制包含一些特殊的键，这些键上标注有“例句”“规则”“练习”“目标”等，这些都能够帮助学生控制学习内容，并且可以选择适合自己的学习策略。

三、20 世纪八九十年代的 CALL

随着语言学理论的发展，CALL 到了 20 世纪八九十年代也得以变化和发展，出现了一些新的程序和性能。

（一）交际机助时期

20 世纪 80 年代，随着认知科学与语言学理论的发展，行为主义时期的 CALL 模式由于缺乏交际功能，引起了很多学者的质疑。这一时期，乔姆斯基的理论开始在语言学界盛行起来。在 1984 年和 1986 年，《语言学习中的计算机》（*Computers in Language learning*）与《外语教学中的计算机：从课堂的角度看》（*Computer in English Teaching : A View from the Classroom*）两本专著的出现标志着 CALL 向着任务教学与交际功能的方向发展。

学者安德伍德（Underwood，1989）在对 CALL 的发展史进行研究时，为交际教学性能的 CALL 设计提出了以下几个前提条件：

第一，语言教学不是显性的，而是隐性的。

第二，强调的不是语言形式本身，而是语言形式的运用。

第三，学生不仅要使用预先规定的语法，还要能够创造语法。

第四，避免直接指出学生的错误，而应该灵活作出反应。

第五，避免使用各种手段来对学生的表现进行评价。

第六，尽量使用目标语教学，让学生可以感受目标语的学习环境。

这些条件与克拉申（Krashen）的创造语言学习习得环境条件相一致。安德伍德的创造交际式 CALL 的核心在于：采用人工智能技术，对学习者输入的内容进行识别，并作出反应，以便能够创造出人与计算机之间有意义的对话环境。此外，安德伍德还对基于合作学习的程序设计等提供了构想。

自此之后，CALL 的研究者更加注重如何设计基于学习者学习任务的交际活动。虽然交际功能的 CALL 研究超越了程序教学的 CALL，但是其也受到了很多批评，因为其未实现真正意义上的交际功能。个别学者甚至认为，CALL 已经失去了发展的潜力。同时，随着人们对交际教学法的质疑，分离式的技能教学或结构教学已经很难满足当前语言学习的需要，因此，综合式的教学方式开始进入人们的视野。

（二）综合机助时期

20 世纪 80 年代末至 90 年代初，外语教学的中心开始从交际教学的认知观向社会认知环境对学习的影响这一层面转变。社会认知理论强调语言在真实社会环境中的运用。这一时期，项目教学、任务教学、专业内容教学等兴盛起来，并努力寻求其与真实环境的结合。因此“综合机助时期”诞生。其目标是开发计算机辅助听力、口语、阅读、写作技能教学，使技术运用于语言教学的全过程。这一时期，多媒体技术是最重要的技术之一，因为多媒体技术以计算机为核心，将语言处理技术、视听处理技术、图像处理技术融为一体，并将语言符号、图像符号转变成数字信号，由计算机进行储存、编辑、加工、控制、检索、查询等。

早期的综合机助教学的特点是：对不同媒体间呈现信息的方式进行分析和探究。佩德森（Pederson，1986）认为，计算机能够帮助学习者有效完成某些特殊的学习任务，而这些任务在其他的学习环境中几乎是不能完成的。佩德森对软件内容及使用这一软件呈现内容的方式进行了区分，即呈现内容的不同方式代表了不同的解码选择，如声音、色彩、反馈、图片、控制、分析等，这些解码选择可能是促进学习者学习的重要因素。为了使得评价解码更具有效性，佩德森还对解码选择的使用途径进行了分析和调查，发现计算机能够对学习者是否重新检查并阅读文章进行控制。也就是说，当回答问题时，不进行重复检查并阅读的学习者要明显比一边检查并阅读的学习者更能回忆出更多的阅读内容。

普拉斯等人（Plass et al.，1966）也分析了多媒体注释对于阅读中效果的提升问题。通过测试，结果表明能够利用多媒体注释的学习者比那些没有接触多媒体注释的学习者能够得到更高的分数。因此，普拉斯等人认为多媒体注释能够使学习者接触大量的词汇，提升自己的词汇能力。

进入20世纪80年代中期，随着计算机硬盘空间的逐步增大，CD-ROM和光盘在市场上频繁出现，多媒体技术更加广泛地应用于外语教学。超媒体的出现使多媒体有了更强大的功能。这也意味着多媒体资源可以相互链接，学习者只要按动鼠标，就可以寻找自己需要的路径，并在该路径上航行。马克·沃沙尔（Mark Warschauer）将超媒体的优点描述为以下四点：

第一，使学习环境更加真实，因为音频和视频可以链接在一起。

第二，能方便地将听、说、读、写各项语言技能结合起来，使这些技能在一个学习活动中进行。

第三，学习者对学习有更大的控制权，他们不仅可以按照自己的进度学习，还可以在自己的路径上选择前进还是后退，直至到达需要的程序的不同位置。

第四，支持内容学习，但是不需要牺牲语言形式。

美国西北大学学习科学研究所研发的Dustin程序，是用于语言学习的超媒体系统。这一程序可以模拟一些真实的语言学习环境。例如，它可以模拟某一学生到达加拿大某机场，入关、乘坐交通工具、入住酒店等的全过程。虽然超媒体具有明显的优势，但是其软件仍未对外语教学的核心产生影响，即其智能化还存在明显不足，还未能够实现真正意义上的交际互动。

（三）智能CALL

20世纪80年代以来，由于早期微型计算机应用于外语教学存在某些局限性，更具灵活、复杂的计算机为外语教学服务已经成为一大趋势。人工智能计算机集认知科学、计算机科学、语言学等于一身，逐渐使该机器具有了人的某些智能行为，这就是智能CALL。20世纪80年代后期，在CALL领域，人工智能程序中的自然语言处理系统已经可以实现安德伍德的设想，即人与机器之间实现智能交流与互动。希金斯和约翰斯（Higgins & Johns,1984）在语法教学上提出了智能“语法园地”学习系统，这一系统创造的语篇可以使学习者通过回答、提问等形式达到学习的目的。

20 世纪 90 年代初，智能 CALL 有了一定程度的发展，一些研究成果也相继问世。永田（Nagata，1993）指出，传统的 CALL 程序仅仅使用的是简单的模式与技术匹配，以将学习者的答案与计算机存储答案比较为主；但智能 CALL 具有自然语言处理功能，能够对学习者的答案进行分析，并将这些答案与目标语的语法规则进行比对，从而识别学习者答案中的问题部分。

但是，智能 CALL 具有明显的局限性。首先，智能计算机还不能使用自然语言与学习者进行对话，这就对学习者的对话能力产生了严重的限制。其次，覆盖模型要求学习者的思维与专家思维模式相一致，但是这并不符合语言习得的实际，缺乏合理性。最后，这样的智能 CALL 需要大量的人力、物力及较长的研究周期，因此也就制约了智能 CALL 的发展。

（四）外语教学中的 CMC

20 世纪 90 年代之后，随着计算机的发展及国际互联网的普及，CALL 的教学活动已经不再局限于课堂中计算机与学习者的互动，而是可以扩展到与世界上任何地方的学习者进行互动与交流。外语教学 CMC 应运而生。一般认为，CMC 是一种通过计算机与网络进行的交流，其目的主要是完成任务与实现交往。CMC 的交流方式可能是同步的，也可能是异步的。同步的交流如利用 Moos 系统进行在线聊天；异步交流如通过电子邮件或 BBS 等进行交流。

CMC 的最大优点在于教学活动是在匿名环境中进行的，这样的环境有助于营造更加公平的气氛。由于 CMC 过滤了文字符号以外的社交和情感暗示，使人们感受到在虚拟的环境中，学习者可以按自己的方式来进行思考，并以自主的身份与他人进行思想和情感的交流，而教学的目的就是帮助学习者挖掘他们独立思考问题的潜能，并使其能够自主地进行思想交流。

科恩（Kem，1995）认为，传统的 CALL 对个别化指导、学生与机器的交流进行了过分强调，却严重忽视了以计算机为媒介的人与人之间的互动与交流。他分析了面对面课堂与电子课堂的差异，并从差异中总结出如下特点：

第一，电子教学环境中的同步写作可以对面对面教学中的心理紧张和认知情况进行缓和。

第二，电子交流是一种新的交流媒体，它是对面对面环境中缺少的诗意和副语言特征的补充。

第三，“拐弯抹角”式的讨论表明了 CMC 交流具有意义协商的特征。

此外，科恩还提出了一个假设，即认为同步交流比非同步交流能使学习者有更多的参与机会，从而产出更多的语言，也有更多的时间来对语言进行润色，还能进行更多的合作、拥有更强大的动机等。

但是，一些学者对 CMC 还存在质疑，如一些学者认为 CMC 不能像面对面交流那样实现即时传递学习任务及社会因素的信息等。另外，在 CMC 的虚拟环境中，社会准则对人的约束力也在逐渐减弱，致使 CMC 交流中出现了很多不规范的行为。同时，在 CMC 交流中，学习者的注意力集中于文字、图像上，这种简化的社交信号使人与人的交流丧失了情感因素，因此也会降低协作性与自我规约意识，这些都不利于形成友好的人际关系。如果语言学习离开了社会情感因素，那么必然会对学习者的社会交际能力产生影响。因此，对 CMC 与外语教学进行调整是未来 CMC 的发展趋势。

四、20 世纪 90 年代后的万维网

1990 年 10 月，欧洲量子物理实验室的研究者提出了建设超文本的项目，这一项目的主要研究成果是万维网（World Wide Web）的雏形。次年，万维网在 CERN 中心启动，其是作为因特网上基于 HTML 这一超文本形式的信息服务系统。1993 年，第一届国际万维网大会召开及 8 月国际万维网委员会在波士顿的成立都推动着万维网的发展。

万维网环境应用于外语教学是从 20 世纪 90 年代早期开始的。与传统 CALL 环境相比，万维网学习环境的信息资源形式更具便捷性、多样性、时效性、共享性、丰富性、交互性，且这些资源可以快速链接到专业学习网站等，因此万维网备受人们的欢迎和专家学者的关注。万维网辅助外语教学的网站有 Italia2000 网站、German for Beginners 网站、以 WebCT 为课程模板的网站、Global English 网站等。万维网对外语教学的影响主要有如下几个方面：

第一，万维网上最早的语言学习资料是以课本形式呈现的，但大量的资料集合语法练习并没有设置结构去引导一些没有专业经验和知识的使用者。当前的万维网对这一现状进行了改善。

第二，语言虚拟课堂可以为学习者提供更多可供选择的课件，学习者使用这些课件进行自己所需的学习。这一虚拟课堂趋于付费形式，使用时需要输入密码。

第三，万维网上的大部分语法练习都是结构课程的形式，这些练习大部分使用的是填空形式，有些是多项选择，有些是完形填空。

第四，当前，万维网已经逐渐形成了现成模板，可以直接用来制作学习游戏和网上小测验。

第五，随着万维网语言教学的发展，学习活动开始从基于任务的学习活动转向要求学生详细说明所经历的探索和查询过程。

第六，万维网发展最快的领域是资源的集合。当前，几乎每一个网站都能够大量地链接一种或者多种语言网站。

第七，虚拟链接能够使学习者进入真实语言环境变得更加容易，并且在线讨论的界面也变得更加友好。

第八，基于万维网的合作学习系统最能体现出合作学习的优点，是计算机支持合作学习的重大发展。

第九，万维网环境中的外语教师的职业发展需求也在不断优化和发展，万维网网站为教师提供了各种满足职业发展需求的环境。

综上所述，万维网环境对外语教学而言有着重要的影响，也引导着网络时代的外语教学的发展。但是，如何充分利用万维网的优势来辅助外语教学，是 21 世纪互联网 + 技术与外语教学整合的一大课题，也将推动着互联网 + 技术的发展。

五、20 世纪末走向 21 世纪初的"互联网 + 教育"

传统的英语教学模式是学校教学，其精髓在于以课堂、教师、教材作为中心，教师在讲台上将知识传授给学生。随着信息化程度的日益加深，外语教育的信息化程度也逐渐加深。早在 1996 年，清华大学的王大中校长就提出了发展现代远程教育的想法，并于 1998 年推出网上研究生进修课程。同年，教育部也在一些重点院校进行了远程教育试点。通过这种推广，给广大外语学习者带来了机遇。

之后，为了更好地推进外语教育创新，对外语教学改革进行深化，促进现代技术在外语教学中的运用，教育部于 2003 年启动精品课程建设，提倡应该培养学生的自主学习精神，增加高校英语教学投入，建构精品课程体系。这些精品课程往往要求教师队伍、教学内容、教学方法、教材、教学管理等保证一流水平，为学生提供宝贵的和形式多样的学习平台。

2008 年，互联网与教育的结合出现了全新的开放式课程模式，即慕课，这一模式的产生受到了众多学者的关注，而且其将互联网与教育的结合推向了一个全新的高度，被认为是网络与外语教学结合的新革命。关于慕课的具体内容，会在下面章节做重点探讨，这里就不再多加赘述。

2019 年是新中国成立 70 周年，是全面建成小康社会、实现第一个百年奋斗目标的关键之年，也是深入贯彻落实全国教育大会精神的开局之年。从互联网教育行业的元年 2013 年起至今，短短 6 年时间里，"互联网 + 教育"经历了萌芽期、发展期、成熟期，由教育创新的新理念之一，成长为影响国家发展战略的新兴产业。互联网、大数据、人工智能等新兴技术与教育教学的融合，正在驱动一场新的教育变革。

除此之外，当前的新媒体也进入了人们的视野，其实际上是一个比较宽泛的概念，是运用网络技术、数字技术等，通过宽带局域网、互联网、卫星、无线通信网等手段向用户提供信息的一种传播形态。严格来说，新媒体应该被认为是数字化新媒体，其在外语教学中的运用也必然会带来一场新的革命。

第二节　互联网 + 的现状概述

互联网是当今人类的共有财富、共享资源，其发展非常迅速，给人们的生活也带来了深远的影响，甚至超出了科学家、政治家、人类学家等的预料。互联网让整个世界变成了一个“地球村”，给人们的生活、交往带来了重大改变。可以说，互联网的这种影响力是始料未及的。但是也不得不承认，在给人们带来便利的同时，互联网也存在一定的弊端。基于此，本节就来分析互联网 + 当前的形势。

一、互联网 + 当前的形势概述

如前所述，互联网 + 的形成给人类社会带来了重大变革，改变着人们的生产、生活方式，但是互联网 + 也必然会造成一些不利影响。下面就重点分析互联网 + 的利弊。

（一）互联网 + 的利

首先，互联网促进了我国的经济发展，改变了我国的就业形态。中国电子商务研究中心发布的 2012 年的监测报告指出，其时的电子商务企业达到 4 万家，直接从事电子商务的人员约为 200 万人，间接带动就业人数已经超过了 1400 万人，且电子商务市场交易规模也超过了 8 万亿元。2013 年，淘宝网发起的“11・11”，仅 24 个小时就创造了 191 亿元人民币，2014 年突破 260 亿元，2015 年将近 900 亿元，2016 年超过 1207 亿，这样的增长速度导致快递出现了严重爆仓的情形。

当今，我们的工作、生活都离不开互联网，通过互联网，我们能够了解政治、经济、民生、社会等信息和内容，用来指导我们的工作。同时，很多网络信息也在我们的日常生活中呈现，不知不觉地影响着人们的求学、婚姻、就业、娱乐、健康等方面，以至于在某些范围和领域，网络已经超越了学校和家庭的范围。

在满足人们精神生活需求的同时，过去的“读书破万卷”已经不能适应当前社会发展的需要，现在大多不用花钱或者花费很少的钱就可以从互联网上获取，甚至连书籍的内容、主题、分析等都已经设定好了。例如，网上的新闻资讯、球赛、电视剧等。应该说，这些都是互联网给人们带来的积极作用。

（二）互联网+的弊

互联网是一把“双刃剑”，其对于一些道德观念、传统理念的颠覆也会对人们的价值观、人生观产生影响。互联网对于金钱、名利的炫耀和夸大，也大大增加了人们对生活、社会的挫败感和失落感，因此会对社会产生愤恨或者仇视。很显然，如果任由互联网的内容不加规范地持续发展下去，可能会对正常的社会秩序造成破坏和侵蚀。

互联网对我国的社会发展、思想意识形态等产生了重大影响。据统计，我国手机网民达到了5亿人，注册微博、博客的用户也超过了12亿，庞大的新媒体“塔基”将一些网络名人凸显出来，即呈现了大V们，这些大V们的粉丝众多，因此一旦大V们有什么口无遮拦的奇谈怪论，千百万的粉丝立马助威喝彩。在纷繁复杂的互联网背后，实际上是一场争夺意识形态领域舆论的新战场。

二、“互联网+教育”的当前形势

（一）“互联网+教育”具有可行性

“互联网+”代表一种新的经济形态，即充分发挥互联网在生产要素配置中的优化和集成作用，将互联网的创新成果深度融合于经济社会各领域之中，提升实体经济的创新力和生产力，形成更广泛的以互联网为基础设施和实现工具的经济发展新形态。简单来说，它就是一种平台，一种工具，即一种包含海量信息的平台并能进行信息高速传输的工具，但这种平台和工具是革命性的。

教育是一种顺其自然的活动，旨在把自然人所固有的或潜在的素质，自内而外引发出来，成为现实的发展状态。如果仅仅把互联网作为一种教育的工具，也谈不上“互联网+教育”。要想实现互联网与教育的融合，必须让其发生化学反应，抓住创新这个关键，才能明确“互联网+”的作用。

“互联网+教育”作为一种教育的理念，从发展的观点来看，这种理念很有必要性，也符合目前的客观现实，但是如何把这种理念变成生产力，则是我们要进行的教学改革，进行符合“互联网+教育”意义上的教学转变，也可以说成“教育+互联网”。教学离不开学生与老师，学生是受教的或者说被引导的个体，这一点是毋庸置疑的，但老师是否是一个个体、团队、领域就难说了，传道、授业、解惑是靠言传身教还是使用教材、多媒体，还是富含不同深度、不同层次的教育载体。很显然，互联网自然会进入人们的视野。这不是对传统教育的颠覆，而是教育与现有环境的结合，是与时俱进的教育。

实施“教育 + 互联网”教学需要具备的条件如下：

1. 高度开放、传输便捷的互联网

这是开展互联网教育的物质基础。

2. 知识结构合理的教学团队资源平台

教学团队是实施教学的根本所在，教学不论是什么时候都不是仅靠一个老师就能解决的，要想培养符合要求的人才就需要一个团队。目前，一般的学校都有教学团队，但团队的配置、团队应有的素质很难满足教学的要求。各个学校或者行业可能已经建立了相应的资源平台，但还不成熟，可能某些学校已经或正在建立自己的教学团队资源平台，仍需要进一步完善与提炼。不管怎样，知识结构合理的教学团队资源平台是进行“互联网 + 教育”的基础。

3. 广博的资源与个性的发展方向平台

目前的互联网广博的资源与发展平台，但针对具体的专业或者学生的兴趣方向需要进一步细化或者教师的引导。

4. 人才培养与社会需求的互联网平台

人才培养和社会需求的各自的平台似乎都能在互联网上找到，但是如果用于教育还需要整合与及时更新，或者我们自己利用现有资源建立人才培养与社会需求的互联网平台。

具备了这四个条件，“互联网 + 教育”就会水到渠成，进而发展适合“互联网 + 教育”的资源体系、方法体系、评价体系等。

（二）“互联网 + 教育”的划时代意义

提出“互联网 +”的目的或者是初衷或者是关键应该是创新，失去了创新的思维去面对“互联网 + 教育”，就会变成简单的叠加。熊彼特在其著作中提出“创新是指把一种新的生产要素和生产条件的‘新结合’引入生产体系。它包括五种情况：引入一种新产品，引入一种新的生产方法，开辟一个新的市场，获得原材料或半成品的一种新的供应来源”。通过互联网，我们可以博学，也可以专攻；可以了解已有的发展历程，也可以为创新找到支撑；有正能量的东西，也有负能量的糟粕；有整个社会的发展，也有某个专业的进步；具备发展的过程，又能快速更新达到发展的可持续性要求；等等。就目前互联网的发展来看，不管是从作为一种新产品还是一种新的生产条件与教育相结合，二者都是能结合的，当然也是创新的，这样，我们提出“互联网＋教育”就有了深远的意义。

第三节　互联网＋给我国高等教育带来的机遇与挑战

一、“互联网＋教育”的核心与本质

（一）互联网＋的内涵与特征

2014 年 11 月，李克强出席首届世界互联网大会时指出，互联网是大众创业、万众创新的新工具，其中“大众创业、万众创新”成为 2015 年政府工作报告中的重要主题，被称为中国经济提质增效升级的“新引擎”，其重要作用不言而喻。

2015 年 3 月，在全国两会上，全国人大代表马化腾提交了《关于以互联网＋为驱动，推进我国经济社会创新发展的建议》的议案，对经济社会的创新提出了建议和看法。他呼吁，我们需要持续以互联网＋为驱动，鼓励产业创新、促进跨界融合、惠及社会民生，推动我国经济和社会的创新发展。马化腾表示，互联网＋是指利用互联网的平台、信息通信技术把互联网和包括传统行业在内的各行各业结合起来，从而在新领域创造一种新生态。他希望这种生态战略能够被国家采纳，成为国家战略。

在 2015 年 3 月 5 日上午开幕的十二届全国人大三次会议上，李克强在政府工作报告中首次提出互联网＋行动计划，并提出：“制订‘互联网＋’行动计划，推动移动互联网、云计算、大数据、物联网等与现代制造业结合，促进电子商务、工业互联网和互联网金融的健康发展，引导互联网企业拓展国际市场。”

通俗地说，互联网＋就是“互联网＋各个传统行业”，但这并不是两者简单的相加，而是利用信息通信技术及互联网平台，让互联网与传统行业进行深度融合，创造新的发展生态。这相当于给传统行业加上了一双“互联网”的翅膀，然后助飞传统行业。具体而言：“互联网＋金融”，由于与互联网的结合，诞生出了很多普通用户触手可及的理财投资产品，如余额宝、理财通及 P2P 投融资产品等；“互联网＋医疗”，传统的医疗机构由于互联网平台的接入，使得人们实现在线求

医问药成为可能，这些都是最典型的互联网 + 的案例。事实上，互联网 + 有以下六大特征：

一是跨界融合。所谓“+”，本身就意味着跨界，意味着变革，意味着重塑融合。敢于跨界了，创新的基础就更坚实了；融合协同了，群体智能才会实现，从研发到产业化的路径才会更垂直。融合本身也指代身份的融合，客户消费转化为投资，伙伴参与创新，等等，不一而足。

二是创新驱动。中国粗放的资源驱动型增长方式早就难以为继，必须转变到创新驱动发展这条正确的道路上来。这正是互联网的特质，用所谓的互联网思维来求变，进行自我革命，也更能发挥创新的力量。

三是重塑结构。信息革命、全球化、互联网业已经打破了原有的社会结构、经济结构、地域结构、文化结构。权力、议事规则、话语权在不断发生变化。互联网 + 社会治理、虚拟社会治理会有很大的不同。

四是尊重人性。人性的光辉是推动科技进步、经济增长、社会进步、文化繁荣的最根本的力量，互联网力量的强大最根本的来源是对人性的最大限度的尊重、对人的体验的敬畏、对人的创造性发挥的重视。例如，UGC、卷入式营销、分享经济。

五是开放生态。关于互联网 +，生态是非常重要的特征，而生态的本身就是开放的。我们推进互联网 +，其中一个重要的方向就是要把过去制约创新的环节卸掉，把孤岛式创新连接起来，让研发由人性决定的市场驱动，让创业人的努力有机会实现价值。

六是连接一切。连接是有层次的，可是连接性是有差异的，连接的价值也是各不相同的，但是连接一切是互联网 + 的目标。

（二）“互联网 + 教育”的核心与本质

一所学校、一位老师、一间教室，这是传统教育。一个网络、一个移动终端、几百万学生，学校任你挑、老师由你选，这就是“互联网 + 教育”。在教育领域，面向中小学、大学、职业教育、IT 培训等多层次人群开放课程，可以足不出户在家上课。“互联网 + 教育”的结果，将会使未来的一切教与学活动都围绕着互联网进行，老师在互联网上教，学生在互联网上学，信息在互联网上流动，知识在互联网上成型，线下的活动成为线上活动的补充与拓展。

“互联网 + 教育”不只是影响创业者们，还有一些平台能够提供就业的机会，在线教育平台提供的职业培训能够让一批人实现职能的培训，而自身创业就能够解决就业。李克强提出的“大众创业、万众创新”对于教育而言有深远的影响。

教育不只是商业，类似极客学院上线一年多，就用近千门职业技术课程和4000多课时帮助80多万IT从业者用户提高了职业技能。

在2015年6月14日举办的“2015中国互联网+创新大会”河北峰会上，业界权威专家学者围绕着“互联网+教育”这个中心议题，纷纷阐述自己的观点。“互联网+不仅不会取代传统教育，而且会让传统教育焕发出新的活力；第一代教育以书本为核心，第二代教育以教材为核心，第三代教育以辅导和案例方式出现，如今的第四代教育，才是真正以学生为核心。”中国工程院院士李京文表示，“中国教育正在迈向4.0时代”。

其实在互联网+提出之前，互联网教育已经有了近10年的发展历史，这表示即使政府不制订互联网+计划，“互联网+教育”的模式探索与尝试也已经展开，大数据、云计算、互联网……逐渐与教育相互结合，教育的形态被“智能”的力量重塑，可以说，教育行业已经实现了互联网化。互联网成为教育变革的一大契机，但是它只是针对传统教育的升级，其目的不是去颠覆教育，更不是颠覆当前学校的体制。基于此，我们认为，“互联网+教育”的核心和本质就是基于互联网+技术，实现教育内容的持续更新、教育模式的不断优化、学习方式的连续转变及教育评价的日益多元化。

1.“互联网+教育”：教育内容的持续更新

互联网+课程，不仅仅产生了网络课程，更重要的是它让整个学校课程，从组织结构到基本内容都发生了巨大的变化。正是因为具有海量资源的互联网的存在，才使得高等院校各学科课程内容全面拓展与更新，适合大学生的诸多前沿知识能够及时进入课堂，成为学生的精神食粮，课程内容艺术化、生活化也变成了现实。通过互联网，学生获得的知识之丰富和先进，完全可能超越教师。除了对必修课程内容的创新，在互联网的支持下，各类选修课程的开发与应用也变得天宽地广，越来越多的学校能够开设上百门的特色选修课程，诸多从前想都不敢想的课程如今都成了现实。

2.“互联网+教育”：教学模式的不断优化

“互联网+教学”，形成了网络教学平台、网络教学系统、网络教学资源、网络教学软件、网络教学视频等诸多全新的概念。由此，不但帮助教师树立了先进的教学理念，改变了课堂教学手段，大大提升了教学素养，而且，更令人兴奋的是传统的教学组织形式也发生了革命性的变化。正是因为互联网技术的发展，以先学后教为特征的“翻转课堂”才真正成为现实。同时，教学中的师生互动不再流于形式，通过互联网，完全突破了课堂上的时空限制。学生几乎可以随时随地随心地与同伴沟通，与老师交流。在互联网的天地中，教师的主导作用完全得到了发挥，教师通过移动终端，能即时地给予学生点拨指导。同时，教师不再居高临下地给学生灌输知识，更多的是提供资源的链接，实施兴趣的激发，进行思维的引领。由于随时可以通过互联网将教学的触角伸向任何一个领域的任何一个角落，甚至可以与远在千里之外的各行各业的名家能手进行即时视频聊天，因此，教师的课堂教学变得更加自如，形式更为多样。当学生在课堂上能够获得他们想要的知识，能够见到自己仰慕的人物，能够通过形象的画面和声音解开心中的各种疑惑时，可以想象，他们对于这一学科的喜爱将是无以复加的。

3. “互联网 + 教育”：学习方式的连续转变

“互联网 + 学习”，创造了如今十分红火的移动学习方式，但它绝对不仅仅是作为简单地、随时随地可以学习的一种方式而存在的概念，它代表的是学生学习观念与行为方式的转变。通过互联网，学生学习的主观能动性得以强化，他们在互联网世界中寻找学习的需求与价值，寻找不需要死记硬背的高效的学习方式，寻找可以解开他诸多学习疑惑的答案。研究性学习倡导多年，一直没能真正得以应用和推广，重要的原因就在于它受制于研究的指导者、研究的场地、研究的资源、研究的财力物力等，但随着互联网技术的日益发展，这些问题基本都能迎刃而解。在网络的天地里，学生对研究对象可以轻松地进行全面的多角度的观察，可以对相识与陌生的人群做大规模的调研，甚至可以进行虚拟的科学实验。当互联网技术成为学生手中的利器时，学生才能真正确立自身的主体地位，摆脱学习的被动感，自主学习才能从口号变为实际行动。大多数学生都将有能力在互联网世界中探索知识，发现问题，寻找解决问题的途径。互联网 + 学习，对于教师的影响同样是巨大的，教师远程培训的兴起完全基于互联网技术的发展，而教师终身学习的理念也在互联网世界里变成了现实。对于多数使用互联网的教师来说，他们十分清楚自己曾经拥有的知识，是以这样的速度在锐减老化，也真正懂得“弟子不必不如师，师不必贤于弟子”的道理。互联网不但改变了教师的教学态度和技能，同样也改变了教师的学习态度和方法。他们不再以教师的权威俯视学生，而是真正蹲下身子与学生对话，成为学生的合作伙伴与其共同进行探究式学习。

4. “互联网 + 教育”：教育评价的日益多元

“互联网 + 评价”，其实就是另一个热词——“网评”。在教育领域里，网评已经成为现代教育教学管理工作的重要手段。学生通过网络平台，给教师的教育教学打分，教师通过网络途径给教育行政部门及领导打分，而行政机构也通过网络大数据对不同的学校、教师的教育教学活动及时进行相应的评价与监控，确保每个学校、教师都能够获得良性发展。换句话说，在“互联网+”时代，教育领域里的每个人都是评价的主体，同时也是评价的对象，而社会各阶层也将更容易通过网络介入对教育的评价。此外，“互联网+评价”改变的不仅仅是上述的评价方式，更大的变化还有评价的内容或标准。例如，在传统教育教学体制下，教师的教育教学水平通过学生的成绩来体现，而在“互联网+”时代，教师的信息组织与整合、教师教育教学研究成果的转化、教师积累的经验通过互联网获得共享的程度等，都将成为教师考评的重要指标。

总之，随着“互联网+”被纳入国家战略的顶层设计，就意味着“互联网+”时代的正式到来，教育工作者只有顺应这一时代变革，持续不断地进行革命性的创造变化，才能走向新的境界和高度。

二、互联网+给中国高等教育带来的机遇

随着工业社会向信息社会的过渡与转型，国际化和信息化已经成为高等教育发展的必然趋势。特别是“互联网+”时代的到来，以及最近几年大规模公开在线课程的广泛兴起，正在引发世界范围内高等教育格局的竞争与变革。在这种背景下，中国高等教育的发展方式正在全面转型，而这种转型也给中国的大学教育带来了更多的机遇。

（一）互联网+让大学教育从封闭走向开放

“互联网+”打破了权威对知识的垄断，让教育从封闭走向开放，使得优质的教育资源不再局限于少数的名校中，人们不分国界、不分年龄都可以通过网络接触到最优质的教育资源。在全球开放的时代下，正在加速形成一个基于全球性的知识库，通过互联网，人们可以随时随地从这个知识库中获取各国各地区优质的学习资源。

在我国，教育尤其是大学教育的质量具有较大的差距。进入大学之前，虽然城市之间与城乡之间不可避免地会出现师资力量的差距，但是由于总体上大家接收到的都是基本一样的标准化教育，相互之间的差距也并不是非常明显。但是，大学教育却与之不同，同一个专业在不同的学校开设的课程是不一样的，培养方法也是不一样的，再加上学校开设课程时间的长短及教师对于课程方面研究的程度、课程解读的不同，都会达到不同的教学效果。在1959年的《中共中央关于在高等学校中指定一批重点高校的决定》中，决定设置全国重点高等学校，保证一

部分学校能够培养较高质量的科学技术干部和理论工作干部，提高我国高等学校的教育质量和科学水平。而后，在1960年的《中共中央关于增加全国重点高等学校的决定》中，决定在原有的基础上增加44所大学，一共64所院校。1978年，国务院转发教育部《关于恢复和办好全国重点高等学校的报告》，增加了28所高校为重点大学，至此，我国基本上确定了重点高校的格局。我国高校的数目从1985年的1016所上升到了2015年的2845所，但是国家重点高校依旧只有985、211这样的112所。根据国家建设重点院校的政策可知，为了支持学校的建设，国家的财政性教育经费很大一部分给了985、211工程的学校，而剩余的经费才能分配到其他院校。

2000~2012年，国家财政性教育支出、预算内教育支出虽然在稳步上升，但是与发达国家相比，还是具有较大的差距。此外，财政性教育支出占GDP比重这一项，我国一直都在20%左右，但是发达国家这一数字可以达到50%，最少的也在35%。这样一来，我国高校的资源就出现了僧多粥少的现象，随着高校数量的增加，那些普通院校等到的国家的支持的几率也就越小，能够提供的教育质量也随之减少，导致最优质的教育资源都集中在少数的985等重点高校中，而其他院校则很少能得到优质的教师和政策支持。但是通过互联网，高校学生能够通过网络接触到985等重点高校的教育资源，同时通过互联网，可以跨地域跨时间段重复地针对一个知识点反复进行学习，加深对知识的理解，不至于在短短的45分钟或是一个小时的课堂上强行接收所有的知识点，且不用担心知识点的遗漏，知识获取的效率大幅提高，也为终身学习的学习型社会建设奠定了坚实的基础。

（二）互联网+降低了学生接受大学教育的成本

佩尤公众与媒体研究中心于2013年3月份展示的一项研究发现，60%的美国成年人认为，大学对于国家的发展具有积极的作用；84%的大学毕业生认为，对他们而言，接受高等教育的费用支出是一项很好的教育投资。但是，该中心2011年的另一项调查发现，75%的受访成年人认为，对大多数美国人来说，上大学太贵了，费用几乎难以负担；57%的受访者说，美国高等教育体系没能让学生及其家庭的花费物有所值。Tapio Varis是坦佩雷大学的荣誉教授、联合国教科文组织的首席研究员，他认为不同的教学实施模式会强化不平等，提出“经济因素将在很大程度上决定高等教育的命运，传统的面对面式的高等教育将成为少数人的特权，部分教育领域则需要实现全球的标准化，在许多情况下，这还将会降低教育水准”。

“互联网+”出现后，高校学生能够通过较低的成本得到更优质的教育资源，从而促进更多的学生去主动学习，避免了很多由于家庭贫困而上不起大学的学生得不到优质的教育的问题。中国广西大学教授、美国环境保护署科学顾问委员会前主任 Donald G. Barnes 预言：“大学日趋增长的成本难以为继，尤其是在大学教育全球化日趋增长的情况下，更是如此。所以，借助网络实施高等教育的做法才会迅猛发展，这种方式更加经济、高效。”

互联网极大地放大了优质教育资源的作用和价值，从传统的一位优秀教师只能服务几十名学生扩大到能服务几千名甚至数万名学生，使得大学教师能够从繁重的教学任务中解脱出来。另外，互联网联通一切的特性让跨区域、跨行业、跨时间的合作研究成为可能，这也在很大程度上规避了低水平的重复，避免教师一年又一年重复的教学讲解。

（三）互联网＋改变了大学教育的教学模式并加速了教育的自我进化能力

通过互联网，使得教师和学生的界限不再泾渭分明，改变了传统的“以教师为中心”的授课形式，使其转变成“以学生为中心”的授课形式。在“校校通、班班通、人人通”的“互联网＋”时代，学生获取知识已变得非常快捷，师生间知识量的天平并不必然偏向教师，教师必须调整自身定位，让自己和学生成为学习的伙伴和引导者。

中国的应试教育以考试结果作为划分学生优劣的标准，甚至更为偏激地认为成绩优秀的学生必然品德也是优良的。这种划分方式致使许多偏科但具有特殊才能的学生的发展受到了阻碍，泯灭了许多学生的才能。而在互联网中的用户思维就是指在价值链的各个环节都要“以用户为中心”去思考问题，根据用户的需求进行服务。在“互联网＋”时代下，利用大数据分析学生的特点，准确分析学生的兴趣爱好、认知水平、接受能力等，然后在此基础上因材施教。例如，美国亚利桑那州立大学是美国最大的公立大学，拥有 72 000 名学生，该校采取了一个在线教育服务商 Knewton 的“动态适配学习技术”来提高学生的数学水平，2000 名学生通过使用该系统两个学期之后，该校的辍学率下降了 56%、毕业率从 64% 上升到了 75%。因此，利用大数据进行学生特性的分析，然后为学生提供相应的教学，能够更有效地提升学生的学习效果。现在为了满足学生的需要，互联网为学生提供多种学习模式，如体验式学习、协作式学习、混合学习等模式。而其中最具特点的是 4A（Anytime、Anywhere、Anyway、Anybody）学习模式，即学生可以在任何时间、在任何地点、以任何方式、从任何人那里学习。这也在一定程度上体现了美国培养学生尤其是大学生自主学习的理念。

传统教育体系中包括教育对象和教育环境两大体系。教育对象指的是学生，而教育环境则包括了学习主体以外的周围的事物，包括教师、教学内容、教学条件等。在传统的教学系统中，我们的出发点和落脚点都在考试和升学，对于人的发展则关注得比较少，因此，我国的学生总是在经过反反复复地打磨后成了一个个标准的产品，个体之间缺少差异性。但英国著名教育理论家怀特提出，学生是有血有肉的人，教育的目的是激发和引导他们的自我发展之路。也就是说，教育的核心是要充分调动人的主体意识，使其在学习、发展过程中变“被动”为“主动”，产生积极主动的心理状态，从而提高自身的认知水平和学习效率。而互联网时代则正好强调的就是主动性和创新性，通过提升学生的主动性来提升教育的能力。

首先，当“互联网+”进入现有的教育体系之后，打破了原有的教育体系的平衡，敲开了教育原本封闭的大门，为传统的教育体系提供了新的知识信息源泉，使得原有的学生子系统能够更为快捷和方便地与外部的大系统进行知识的交互，获取信息，因此推动了自身知识的增长，从而推动教育的自我进化能力。其次，互联网的虚拟环境能够为学生创造一个拟真世界，学生能够利用互联网从三维的视角去认知、探索世界。陶行知曾经说过“劳力上劳心”才是创新人才的办学模式。陶行知批评说：“中国的教员、学生，实在太迷信书本了。他们以为书本可以耕田、织布、治国、平天下；他们以为要想耕田、织布、治国、平天下，只要读读书就会了。”陶行知认为，学习应该是实践与认知相结合的过程，而非沉浸在书本中，但是我国传统的教育却是一味地学习书本的知识，甚至是学习过时的知识，所以才会出现所谓的“纸上谈兵”的现象。而“互联网+”的时代，学生能够通过网络中的拟真世界进行一些相应的实践，并随时根据网络的信息更新知识，如管理专业的学生能够通过网上进行沙盘模拟获知与企业运营相关的知识等，由此加强学生的实践操作能力。

三、互联网+给中国高等教育带来的挑战

进入21世纪，互联网的广泛应用和普及对人类的文明和社会的进步带来的巨大冲击，促进了人类学习方式、方法和习惯的改变。2015年，政府工作报告明确提出“建设世界一流大学和一流学科”，这是继2011年政府工作报告中提出要“加快建设一批世界一流大学”之后，又一次提出这一目标。可以预计，今后很长一段时间大学教育都会统筹所有的重点建设经费到一个目标之下，那就是建设世界一流大学和世界一流学科。然而，如何建设世界一流大学和世界一流学科？加州

大学伯克利分校原校民田长霖认为："世界一流大学的重要标志是要有世界一流的科研成果，但不能只看论文发表的数量有多少，最重要的是要在某一个领域真正达到世界一流。"由此可见，随着"互联网+"时代的到来，中国的大学教育必将面对新的挑战。

（一）互联网+使中国大学教育面临市场化的冲击

长期以来，大学一直被认为是知识和学习的中心。其间，尽管科技手段带来了巨大的社会变革，如活字印刷、工业革命、电报、电话、无线电、电视机和计算机等的发明和使用，而大学生产和传播知识、评价学生的基本方式一直未变。有一种观点认为，正像那些以信息为核心的产业（如新闻媒体、报纸杂志、百科全书、音乐、动画、电视等）一样，高等教育很容易受到科技的破坏性影响。知识的传播已不仅仅局限在大学校园，云计算、数字课本、移动网络、高质量流式视频、即时信息收集等技术方面的可供性已将大量知识和信息推动到"无固定地点的"网络上。这一现象正激起人们对现代大学在网络社会中的使命和角色的重新审视。有关大学未来的争论，一个主要的驱动因素集中在它已陷于四面楚歌的商业模式上，学生和家长们为不断飙升的学费而苦恼，他们越来越质疑自己对高等教育学位的负担能力，以及学位作为求职证书的最终价值。

在上述背景下，新技术催生了相关的教育市场，大规模公开在线课程开始备受人们关注。2011 年夏，斯坦福大学计算机科学教授塞巴斯蒂安·特龙（Sebastian Thrun）宣布在网上免费公开自己的秋季课程，并附上课后练习题和随堂小测验后，其选课人数迅速增加。社会公众认为：大规模的公开在线课程不仅能充分利用有限的教师资源来教授大量课程，达到教学成果最大化的目的，还可以降低人们求学的经济成本，缓解大学教育面临的经济压力。虽然在线课程让更多人"走进了"课堂，但它依然饱受争议，德尔班科坚称："传统课堂上的教学体验是在线课程无法替代的。"另外，他告诉记者，在线课程会催生教育界的超级巨星。例如，哈佛大学政治哲学领域教授迈克尔·桑德尔（Michael Sandel）因在网上公开了自己的演讲而声名大噪，随即拥有了数量庞大的追随者。然而，这却给那些没有名气的教授带来了压力，使他们很难在教学中得到安全感。德尔班科对记者表示，"如今真正需要思考的是，有多少人能从在线课程中获得真才实学？关于学生是谁、学生的具体问题是什么、怎样有针对性地解决学生的问题等问题，都需要教师与学生进行面对面的交流来寻找答案"。

无论是否存在争议，大学已经发现竞争对手正在侵蚀自己的传统使命，它们包括营利性大学和可汗学院等非营利性学习组织、系列讲座的提供商、iTunesU 等网络课程在线服务机构，还有为特定行业和职业提供指导和认证服务的大批专业培训中心，与实体教育机构相比较，它们都能更快捷地提供规模化的网上教学服务。因此，尽管有时受制于财务预算和抵制变革的学术文化的影响，高等教育管理者们仍在努力回应，并着手进行改革。佩尤研究中心 2011 年对大学校长的一项调查发现，超过 3/4（77%）的受访者声称他们学校提供网上课程。有一半的受访校长认为，在未来十年中，他们学校会有部分学生注册至少一部分网络课程。近年来，弗吉尼亚州大学有关大学校园变革的紧迫性和变革速度的争论很是热烈。校董事会认为，校长 Teresa Sullivan 未谋求快速的变革，因此经过表决要求她下台。教师、学生和校友一片哗然，一阵骚动之后，董事会改变了原来的决定，恢复了 Teresa Sullivan 的职务。不过，学校在她复职的一周内宣布：本校要加入私人开办的在线教学服务公司 Coursera。这意味着该校将会加入其他诸多精英研究性大学的一个团体——这些学校包括杜克大学、约翰霍普金斯大学、普林斯顿大学、斯坦福大学、宾夕法尼亚大学等，成为 Coursera 网络联盟机构的一个成员。截至 2017 年，Coursera 的大规模开放式网络课程（MOOC）已经对其学生免费提供，从而使全球数百万人获得了不受限制地聆听该国一些最知名大学课程的机会。此外，MITx、2tor、Udacity 等其他年轻公司，也以类似的方式吸引了数量惊人的学生来注册。

（二）互联网 + 使中国大学教育面临国际化的冲击

事实上，经济全球化的迅猛发展，使得人力资源和物质资源在世界范围内的跨国、跨地区流动成为新常态。这种资源的流动已经渗透到教育领域——教育要素自发在国际流动，教育资源自发寻求优化配置，世界各国间的教育交流日益频繁，竞争更加激烈，形成了教育国际化的大趋势。教育国际化既是经济全球化的必然产物，也是各国政府教育战略的重要目标。各国在人才培养目标、教育内容、教育手段和方法的选择上，不仅要以国内社会经济发展的需求为前提，还要适应国际产业分工、贸易互补等经济文化交流与合作的新形势。因此，教育国际化的本质，归根结底就是在经济全球化、贸易自由化的大背景下，各国都想充分利用“国内”和“国际”两个教育市场，优化配置本国的教育资源和要素，抢占世界教育的制高点，培养出在国际上有竞争力的高素质人才，为本国的国家利益服务。

从方法论的角度讲，教育国际化，就是用国际视野来把握和发展教育。从各国的教育国际化实践来看，教育要素在国际上的流动，最早始于各国高等教育之间，并由此波及中等教育、基础教育、职业教育等领域。著名教育问题研究专家钟秉林认为：教育领域的人力资源流动就是教师和学生的流动，物质资源流动就是教学资源的流动，如课程、教材、课件等。而这些要素流动的载体，就是各类不同形式的国际教育项目。“合作办学就是一个载体，通过这个载体，国际化的课件、教材，都可以流动起来，同时伴随着学生和教师的国际流动。更重要的是，随着师生资源和教学资源的流动，必然伴随着教育观念、教学方式、管理方式的跨国流动与融合。这是各国教育谋求发展的一个重要机会，很有挑战性。”通过教育国际化进行资源重新配置的方式有很多，如出国留学与来华留学、访学游学与国际会议、合作研究与联合培养、结成友好学校等，这些途径为教育国际化搭建了平台，为国际教育要素的流动提供了载体。

（三）互联网+使普通高校面临缺乏优质生源的挑战

互联网将最优质的课程以一种近乎免费的方式提供给广大学生，2010 年在海地地震之后成立的“人民大学”，这所学校就是互联网教学的雏形。在这里，学生能够免费或是缴纳少部分的学费进行学习从而获得学分。按此模式发展，如果互联网教育发展到了一定的程度，并且能够提供受到社会认可的证书，那么相当一部分学子在没有进入所谓的重点院校之后，也不会退而求其次地进入一所普通院校，甚至是学习自己不喜欢的专业。他们可以通过互联网学习大学应该学到的知识并且得到社会的认可。这样一来，首先，我国很多二、三本院校、高职等专科院校的师资资源本就比不上重点院校的师资资源，而在“互联网+”教育的时代，又不能与网络上提供的教学资源相比。其次，学校为了维持其基本的运转和基础设施的建设，就必须向学生收取超过互联网时代网络学校的费用，这样在成本上面又无法抗衡。最后，在互联网教育不够发达的时代，高校学生之所以选择一所普通高校就读，甚至在分数不够的情况下选择一个自己并不喜欢的专业就读，很大一方面的原因是为了获得学位，得到社会认可。但是，当互联网教育也能够提供一样的学位认可，且学生能够自主进行专业的选择，那么高校就会受到互联网教育的冲击。而且，高校进行的是学生基础理论的教学，主要目的是让学生学会思考。这就注定了高校即使自降身价也无法与一般的技术院校去争夺学生资源，这样一来，高校无法招收到学生，没有资金的运转，也不可能去获取更好的教师资源，如此循环下去，普通高校势必面临严重的优质生源危机。

（四）互联网+使大学生受到学习碎片化的影响

祝智庭认为：学习碎片化起始于信息碎片化，进而带来知识碎片化、时间碎片化、空间碎片化、媒体碎片化、关系碎片化等。即学习者可以利用乘坐公交车、课间休息、睡前十分钟等零碎时间，通过网络获取一些零碎的知识进行学习。碎片化学习资源具有短小精悍、结构松散，传播迅速、生命周期短，去中心化、多元化与娱乐化及多方式表达、多平台呈现的特点。也正是因为这些特点，导致学生对网络学习产生障碍。首先，碎片化知识短小精悍、结构松散，促进了学生认知方式的转变，对新知识的呈现形态提出新的要求，学生适应了简短的信息阅读方式，可能会对较长的信息和图书阅读产生不适感。而且长期以来，我们受到的大学教育都是系统的知识教育，而结构松散的知识要求学生能够对知识进行加工建构，如若不行、学生就会产生认知方面的障碍，甚至以偏概全。其次，碎片化知识传播迅速、生命周期短，这样就对学生的记忆能力提出了一定的要求。一直以来，高校学生都习惯了纸质书籍这种连续的、线性的知识获取方式，先后信息相互联系具有一体性，这样便于学生对知识进行记忆。但是，碎片化知识以短时间记忆为主，因此学生日后进行信息的提取时可能产生虚构和错构，导致信息失真。最后，碎片化信息去中心化、多元化、娱乐化等特点，导致学生的思维不能集中，产生思维跳跃。知识碎片的多元化导致学生正在思考的内容很容易被环境中时刻变化的新信息吸引，尤其是被娱乐信息吸引，无法围绕一个主题进行深入思考。同时，由于大量碎片化知识和信息唾手可得，而其中大量的信息内容空虚、缺乏价值甚至是毫无价值的，而学生对于这类信息就不加以思考全盘接受，导致思维活动空洞，毫无深度可言。正是因为互联网下的教育与各行各业的知识在不断融合，知识不断更新拓展，知识的复杂度加强，信息以指数级增长，且呈现出碎片化的形式，可用的资源虽然丰富却也鱼龙混杂。在传统的学习模式下，学生一直接受的是填鸭式的教育，对于知识实行的是全盘接受，不须考虑其他。但是，在互联网时代，却需要学生对知识信息进行加工处理，而这对于学习能力不足、信息加工处理能力不足的学生来说是一个巨大的挑战。

（五）互联网+使大学生受到心理健康和人际关系的双重冲击

互联网由于其信息的易得性和娱乐性成了人们主要的信息获取和沟通的来源，但是由于我国对于互联网管理的法制不健全、管理比较被动等原因，导致互联网上的信息及教育视频良莠不齐，包含了一些反动言论和宗教色彩的信息。由于技术不平衡的原因，网络上英文信息较多，而且发达国家也较早从事互联网的教育工作，导致现在网络上比较有名的几个互联网教育机构或是雏形都是国外的产品。这样一来，我国学生尤其是大学生在接受了一些比较前沿的科学知识的同时也接受了国外的文化影响，甚至是不好的文化影响，产生了对自己国家的教育不满，认为“外国的月亮比较圆”。最糟糕的是，少数发达国家凭借对网络高技术的垄断，极力推行网络霸权主义，通过互联网大力宣传西方文化的同时还宣扬一些暴力和黄色信息，致使在大学之前较少接触网络的高校学生，表现为青春期的萌动，导致心理扭曲，造成不良的影响。

与此同时，虚拟性是互联网的一个重要特点。在互联网中一切事物都是虚拟的，然而正是这一特性，使得学生具有了虚拟的身份，而现实中的人际关系却变得冷漠起来。传统的教学使学生在集体环境中生活，参与多样化的集体活动，在与同学的交往过程中，无形地就培养了他们的群体意识、集体主义观念和团结协作精神。而网络环境是一个相对自闭的环境，纯粹的网络学习是通过一套网络设备完成相互交流的，这样人与人之间直接交往的机会急剧减少，教师与学生之间的情感不能直接被感受到，教师与学生之间仅仅是通过 QQ、微信、BBS、E-mail 等网络工具进行交流，人与人之间建立的关系是一种虚拟的、不现实的关系。这种虚拟的关系，使得学生的群体意识淡薄，不利于健康个性及人格的发展，不利于人与人之间的协作共事、共同生活。

第二章　大学英语教学的理论基础

第一节　大学英语教学的现状分析

大学英语教学是高等教学的一个重要组成部分，也是目前大学生的一门必修课程，而这门课程的内容是与国家需求、社会需求及学生需求密切相关的。大学英语教学是一项综合性的语言教学活动。要想全面了解大学英语教学的基本知识，首先需要弄清大学英语教学的内涵与现状。

一、大学英语教学的内涵

大学英语教学是整体教学的重要组成部分。在进行系统分析之前，首先有必要了解一些教学的相关定义。

对于教学的定义，不同的学者有着不同的阐释方式。

学者胡春洞指出，教学既包括教授，同时也应该包括学习，同时还应该存在教授学习的过程。

从上述定义可以看出，教学中教与学有着密切的互动关系，既需要教师认真地教，也需要学生积极地学。

牛津高阶词典指出，教学就是教师将知识、技能传授给学生的过程。相对于上述定义，这个定义带有狭义性。

高校教学是一个较为全面的过程，应该包括教授、学习、教学过程三个方面。

大学英语教学是高校教学的重要组成部分。在教学过程中，大学英语教学除了具备高校英语教学的特点之外，还在学科特点的影响下有着自身的特殊性。具体来说，大学英语教学是一门语言教学，和技能类教学有一定的区分。这种教学不仅需要在教学中向学生传授具体的语言知识，同时还需要让学习者了解语言背后蕴含的文化。

由于英语属于我国的第一外语，因此对其的教学便属于语言教学的范畴。大学英语教学的最终目的是让学习者了解英语的使用方式，具备用英语进行交际的能力。

大学英语教学的文化属性也表现得十分明显。因为语言是文化孕育下的产物，是文化的外在反映。语言表达具有深厚的文化内涵，能够体现出交际者的文化背景信息和语言表达方式。在跨文化交际过程中，对交际者的文化背景进行分析也十分有利于跨文化交际的进行。英语教学也是文化教学，这个属性是为了英语教学的最终目标服务的，也就是切实提高英语学习者的语言交际能力。

二、大学英语教学的现状

由于英语是我国的第二语言，因此大学英语教学成了培养英语人才、提高跨文化交际者素质的重要渠道。英语教学作为一种工具性语言教育应该随着时代的变化而不断革新，我国大学英语教学正处于传统教学向现代教学的转型期，因此难免会存在一些问题。下面就对大学英语教学的现状进行分析。

（一）教学发展不平衡

我国地域辽阔，各地区间的经济、政治、文化发展水平多有差异，这些差异体现在教育方面则表现为学生的英语基础水平、认知能力、理解能力、记忆能力等都相差较大。除地区间的发展不平衡以外，大学英语教学在听、说、读、写、译等各能力的培养力度上也是不平衡的。2007 年的《大学英语课程教学要求》中将大学英语课程的性质阐述为“不仅是一门语言基础课程，也是拓宽知识、了解世界文化的素质教育课程，兼有工具性和人文性”，其提出大学英语教学的目标是“培养学生的综合应用能力，特别是听说能力，使他们在今后工作和社会交往中能用英语有效地进行交际”，但是从大学英语教学的现状来看，我国大学生的这一交际能力还有很大的提升空间。

（二）教学资源匮乏

虽然随着社会经济的发展和社会对教育投入的增加，当前国内高校的英语教学资源与 20 年前相比有了很大的改善。但是，随着高校的扩招，大学生数量的快速增长，教师队伍与教学资源已经不能满足如此巨大的需求。尤其是教学资源的匮乏越来越突出，其主要表现在以下几个方面：

首先，教师和学生真正需要的教学材料和资源很少，当前使用的教学材料不能满足学生的学习需求。

其次，市面上大多数的应试辅导资料都存在误导教师教学和学生学习的情况。

最后，教材的相关性较差，缺少联系和系统性。很多高校为了平衡各家出版社的利益，会使用两家或两家以上的出版社出版的教材，但是这些教材之间的相关性较差，多数是没有运用到英语教学实践中去的。如果听说课程与读写课程中使用的是不同系列的教材，那么学习的整体性就会受到影响，不利于建立起语言输入与输出的关系。

（三）应试教育思想明显

当前的大学英语教学在一定程度上受到了四、六级考试的影响，有的英语教材甚至将通过四、六级考试作为编写目的。例如，有些英语教材在前言中就提到本教材中含有类似四、六级考试题型的练习，或将某一课时专门设计成四、六级考卷的形式。有些教材则提到在前几册教材中包含全部的四级词汇，在后几册教材中包含全部的六级词汇。蔡基刚教授也曾指出，当前的几乎所有的大学英语教材在教授词汇时都以四、六级词汇为主，并且教材的练习题形式也与四、六级考试题型相似，有的甚至直接插入四、六级考试的真题。这种受到考试的影响而编写教材的做法是本末倒置的。

第二节　影响大学英语教学的因素分析

对于影响大学英语教学的因素，有些学者将其分为智力因素与非智力因素；也有些学者将其分为主观因素和客观因素；还有些学者将其分为个性因素与共性因素等。笔者认为可以分为内在因素与外在因素。

一、内在因素

大学英语教学的对象是学生，因此学生是影响大学英语教学的重要内在因素。一般来说，内在因素包含语言水平、情感、记忆力、性别、年龄、背景知识、母语学习障碍、处理技巧、学习能力、自信程度、学习动机等层面。下面就其中常见的几项展开分析。

（一）学习潜能

学习潜能属于英语学习认知层面的因素，是一种能力的倾向。实际上，学习潜能就是说学生是否具备英语学习的天赋。一般来讲，要想努力提高学生的英语素质，就需要培养学生的综合能力，而学习潜能恰好能测试学生的英语学习水平。

在很多学者看来，学习潜在能力应主要包含以下四个层面：

第一，是否具备对语音的编码与解码能力。

第二，是否具备对语言学习的归纳能力。

第三，是否具有对语法习得的敏感性。

第四，是否具备联想记忆能力。

在这四项听力习得能力中，语音编码实际上是属于语言的输入，而语音解码属于语言的输出；语言学习的归纳能力是学习者能否对语言的相关材料进行组织和操作；语法的敏感性是能否根据语言材料来推断语言规则的能力；联想记忆能力是指学习者能否对新材料进行吸收和同化。

但是不得不说的是，不同的学生，其学习潜能也存在明显的差异，因此在大学英语教学中，教师应该从学生自身的实际出发，制定符合学生的教学策略，从而努力提高教师的教学水平与学生的学习水平。

（二）智力水平

与学习潜能一样，智力也属于人的认知层面的能力。所谓智力，是指具备高度的观察力、想象力、记忆力及逻辑思维能力的综合，对于进行抽象思维、习得语言、解决问题有着重要意义。而智力水平是学生本身智力所能达到的程度，它对于大学英语教学也有着深远的影响。

一般情况下，如果学生本身的智力水平较低，那么就需要教师对其进行耐心的指导，还需要学生反复加以训练，才能建设一套自己的英语学习技巧，提升自己的英语水平。但是很明显，这种英语教学方式缺乏一定的变通性和灵活性，因为一旦学习环境发生改变，学生就很难运用已经掌握的学习策略来解决实际问题。

如果学生本身的智力水平一般，那么他们只要经过教师的相关指导，再加上自己有针对性的训练，那么就会逐步形成适合自身的学习策略，掌握英语学习技巧。

如果学生本身的智力水平较高，他们自身就会具备较高的英语学习能力，本身就可以根据课堂讲解的内容与自身的经验相结合，创造出适合自己的英语学习技巧。

总之，在大学英语教学中，教师对学生的智力水平情况有一个清晰的把握，有助于运用恰当的方法传授学生英语学习的策略和技巧。同样，学生自身对自己智力水平有明确的了解也有助于自身英语学习方法的形成，并将这些方法灵活地运用到实际情况中，顺利地进行交际。

（三）学习风格

学习风格是学习者能力的偏好形式；是个人经验与环境相互交织的结果；在一定条件下可以发生改变；具有独特性、稳定性、一致性；风格种类多样，无优劣好坏之分。学习风格种类多样，一般来说，它可以按照感知方式、认知方式来划分。

1. 按照感知方式来划分

学习者在学习过程中必然会运用到感知方式，而不同的学习者，其自身的感知偏好不同。因此，按照感知方式的不同，学习风格可以分为听觉型、视觉型及动觉型三类。听觉型是学习者运用耳朵学习的一种学习风格。通过听，学习者可以了解更多的信息，因此对于教师的口头教学与听力教学有重大意义。这一类型的学习者往往习惯于教师的口头传授，但不擅长书面表达。视觉型是学习者运用眼睛学习的一种学习风格。通过看，学习者就可以获取重要信息。视觉材料具有直观性，并可以在学习者的头脑中形成清晰的视觉形象。这一类型的学习者往往习惯于教师利用板书或者多媒体工具展开教学，而不习惯口头传授的形式。动觉型是学习者通过实践学习的一种学习风格。通过实践，学习者可以获取新的知识和信息。换句话说，这类学习者习惯于挑战性的活动，并愿意去执行计划，在亲身实践中他们会体会到无比的快乐。

2. 按照认知方式来划分

认知方式是人们分析、组织、学习新信息、获取新经验的方式。不同的学习者，其认知方式和思维方式必然存在明显差异。根据认知方式的不同，学习风格可以分为场依赖型与场独立型、整体型与细节型、左脑主导型与右脑主导型。以学习者对自身情况是否依赖划分为场依赖型与场独立型。这二者其实属于截然不同的信息处理倾向。其中前者的学习者一般容易受到外界干扰，需要依靠教师或者其他同学的帮助，习惯于从整体上进行思考，但不善于独立的思考和解决问题；后者的学习者一般不容易受到外界干扰，也不需要教师和他人的帮助，习惯于从细节上进行思考，对遇到的问题善于独立地思考和解决。但是不得不说，大多数学习者都是介于这二者之间的。以学习者接收信息的方式划分为整体型与细节型。

其中，前者的学习者善于从全面、整体的角度来解决问题，具有较高的直觉性和模糊性，但准确性与深刻性较低。当这类学习者遇到困难时，他们往往会寻求他人的帮助。后者的学习者善于对具体信息进行把握和记忆，从细节上着手进行分析和思考，以精细的形式对具体信息进行理解。这类学习者习惯将遇到的问题切分成细节来加以理解，且善于发现不同实体间的差异性。以学习者处理左右脑信息的强弱划分为左脑主导型与右脑主导型。其中，前者的学习者对信息的细节更加关注，擅长逻辑性分析，并能够取得较好的学习效果；后者的学习者习惯抓主旨大意，对自己的直觉十分确信，且具有很强的灵活性。

总之，学习风格对于大学英语教学及学习都有着重要的影响。对于教师而言，他们应该了解学生的学习风格，只有这样才能对学生进行正确的指导。具体来说，可以帮助学生了解自身优势，形成全面、系统的学习风格；可以帮助学生判断自身的学习策略，确定这些策略是否具有合理性；可以在教学组织和教学安排中，兼顾每一位学生的需求，从而有效激励学生进行自主学习。对于学生而言，如果他们能够对自身的学习风格有一个清晰的了解，那么有助于他们找到适合自己的英语学习策略，不仅更关注自己的学习进程，找到进程中存在的缺陷；还能更加主动观察他人的学习策略，逐步拓宽自己的学习路径。

（四）学习动机

学习动机就是通过激发学习者的学习活动，使学习者朝着既定的目标或方向努力的一种心理状态，它直接推动学习者不断培养适合自身特点的学习方法，提升自身的英语水平。对于学习动机的划分，不同学者也存在差异。以下介绍两种常见的划分法。

1. 深层动机与表层动机

根据“刺激——反应”理论，文秋芳将学习动机划分为深层动机与表层动机两大类。前者指的是学生为了满足自己的兴趣、增加知识等深层次的非物质层面的需要而刺激产生的动力；后者指的是为了获得高薪金、文凭、好的工作等表面物质层面的需要而刺激产生的动力。

学生的学习动机不同，他们的学习目标也不一样。深层动机的学生往往是为了提高自身的语言知识，因此他们对英语有着较高的要求，英语学习的热情也非常饱满，采用的学习策略也更加全面、合理。表层动机的学习者一般时间有限，随着刺激的停止，动机也就相应停止了。而且，该类型的学生一般较懒惰，对英语学习的要求并不高。

2. 内在动机与外在动机

著名学者德西（Deci）将学习动机分为内在动机和外在动机两大类。前者指的是英语学习本身激发了学习者对英语学习的兴趣，使学生能够保持英语学习的独立性；后者指的是受外在因素的影响，使学生不得不学习外语。

一般来说，内在动机的学生往往不会受外界的干扰，且其主要涉及两个层面：一是英语本身所存在的趣味性；二是学生对英语学习的态度。外在动机学生往往主要是为了应对外界的刺激和压力，有着较大的强迫性。

学习动机对于英语教学和学习也有重要影响。如果某位学生的学习动机较为强烈，那么就说明他们有着明确的学习目标，对英语学习也有很大的积极性。相反，如果某位学生的学习动机较弱，那么他们在学习上就没有太大的积极性，也不会收到好的学习效果。可见，学习动机是影响学生英语学习的关键。

二、外在因素

影响大学英语教学因素除了内在因素之外，还有外在因素。而其中的外在因素主要包含教师、环境两个方面，下面对其逐一进行分析与说明。

（一）教师

教师是影响大学英语教学的最为重要的外在因素之一，对大学英语教师来说，教师的责任不仅仅是讲授语音、词汇、语法等基础语言知识，也不仅是传授听、说、读、写、译等语言技能，更重要的是教会学生如何使用英语学习策略。教师的教学理念、教学手段、教学态度、教学资料等都会对教学效果及学生的学习策略起到不同程度的促进或者制约作用。

从教学理念或者教学思想上来说，教师不同，其理念也就不同，因此会根据其自身的教学结构来进行教学。一般情况下，大学英语教学仍旧以教师为中心，这其实不利于学生培养自身的学习策略，提升自身的英语水平。从教学方式和教学活动来说，教师为了能够保证良好的教学环境与学习气氛，就必然会进行一些管理活动，而教师的这种管理是不利于英语教学的。

因此，教师对于大学英语教学的影响巨大。关于教师的素质问题，本书会在后面章节做详细探讨，这里就不再赘述。

（二）环境

大学英语教学对环境条件有一定的要求。一般人认为，环境指的就是学校。

其实不然，环境的范围非常广泛，一种是社会环境，一种是学习环境。

1. 社会环境

社会环境是教师和学生可以利用的资源，是影响大学英语教学的重要外在因素之一。一般来说，社会环境因素可以分为两个层面：物质环境因素和文化环境因素。

在大学英语教学中，物质环境处于基础地位，如是否具备适宜的学习场所、是否具备完善的图书资料和学习设施等。良好的物质环境有助于教师展开教学、学生展开学习。尤其是近些年来，现代信息技术（如多媒体、网络等）的注入和应用，课堂上师生之间互动的机会被人机取代，学习者可以从自身的实际情况出发来选择内容、制订计划。同时，学生也可以自主安排学习时间、地点，也能够在学习中主动提出问题并对问题寻求帮助和进行解答。可以说，现代信息技术的迅猛发展在一定程度上为教师的教学与学生的英语学习提供了更多的机会。

文化环境一直贯穿于听力教学与学习的过程中。文化环境对于教师的教学方式、价值观念、思维方式等都会产生重要影响，并且也会影响学生的英语学习策略的形成和使用。例如，受当前中国文化环境和氛围的影响，英语教学中过分重视知识层面内容的传授，而忽视了对学生科学的学习策略的培养；强调严于律己、独立思考，却忽视培养师生之间的合作意识。因此，很多学生并没有形成独立的英语学习策略，并且大多数学生仅仅将自己的学习限制在课堂这一范畴内，出现了“教师教了我就学，教师不教我就不学”的情况。

2. 学习环境

与社会环境相比，学习环境可能对于大学英语教学有着更直接的影响，对于学生建构和使用自己学习策略也有重要作用。

相对于社会环境，学习环境是比较特殊的，是学校教学活动和学生学习活动必需的主客观条件的综合体。一般来说，学习环境是为了满足学生身心发展需要，而建立起来的育人环境。可见，学习环境是学生进行英语习得的实际外在因素。

第三节　大学英语教学的方法与原则

大学英语教学发展到现在已经形成了一个系统的、完善的体系。通过上述内容，我们已经对大学英语教学的内涵、现状、影响因素有了详细的了解，而要想有效完成教学内容，顺利实现教学目标，就需要采取合理的教学方法，遵循一定的教学原则。下面对这两部分内容展开详细的分析。

一、大学英语教学的方法

在大学英语教学研究中，教学法是讨论得最多的。这是因为英语教学是一种教育活动，为了保证实现良好的教学效果、完成教学任务和教学目标，教师就必须采用恰当的教学法。的确，在其他条件等同的情况下，使用不同的教学法会产生不同的教学效果。因此，教师就必须对这些教学法有一个基本的了解和掌握。

（一）语法翻译法

语法翻译法又称为“古典法”“翻译法”“阅读法”等，是指通过翻译来对比母语与英语语音、词汇、语法之间的相同点和不同点，从而实现对英语的掌握和运用。在双语教学中，语法翻译法是一种比较常用的方法，因为其主要侧重于培养学生的阅读能力，使学生能够对母语得以充分利用和依靠，掌握两种语言的异同，以熟练运用两种语言。

语法翻译法主要是以教师作为中心，教师向学生灌输英语知识和技能。在课堂上，教师主要是讲授，学生主要是记笔记，即使是提问，学生回答的内容也是之前讲过的规则。同时，语法翻译法主要是使用母语，然后通过翻译这一手段来检查教学质量。通常来说，使用语法翻译法主要有如下几个步骤：

第一，对上堂课内容进行回顾和复习。教学活动的内容一般是背诵课文或听写单词。

第二，讲解分析新单词。教师首先将新单词发音教授给学生，让学生反复朗读，进而熟悉单词，最后教师讲解新词并介绍其使用规则。

第三，讲解课文中的语法规则，并让学生做语法练习加以巩固。

第四，逐词逐句地讲解课文，分析章节中的句子并进行翻译。

第五，提出一些问题让学生作答，从而检查学生是否掌握了课文内容。

第六，简单回顾本堂课的内容，并布置作业。

（二）听说教学法

听说教学法又称为“句型教学法”，是指以句型为中心，对学生的外语思维能力进行培养的一种教学方法。在教学活动中，听说教学法着重引导学生避免使用母语，同时注重培养学生的听说能力，对学生的听力与口语进行反复操练，最终形成英语思维习惯。

听说教学法是在行为主义心理学的基础上产生的，被国外学者称为“第三代外语教学法”。听说教学法将语言能力分解成听力、口语、阅读、写作四项能力，并沿用至今。今天的大学英语教学中仍旧可以找到听说教学法的影子。听说教学法侧重机械性的操练，因此教师在教学中会尽量使用英语进行讲解，并使用一些录音、录像等辅助设备，让学生能够持续模仿和练习，从而提升学生的语言应用能力。一般来说，运用听说法组织教学主要涉及如下几个步骤：

第一，通过录音、录像等辅助设备为学生介绍背景知识，在听和看的同时，教师用英语展开内容介绍。

第二，安排对话活动，可以是师生间的对话，也可以是生生间的对话，让学生练习所学内容。

第三，给出句型结构，安排学生不断进行句型操练。

第四，多次播放录音和录像，让学生记忆对话或者篇章的内容，最后让学生达到可以复述或背诵的结果。

第五，回顾本节课堂的内容，并布置作业。

（三）情景教学法

情景教学法是师生将教学内容与场景、角色融为一体的仿真型教学模式。这一教学法消除了传统教学法的一些弊端。实践证明，情景教学法是对以讲授、问答、练习为主的教学法的补充，不仅有利于提升学生的语言运用能力，还有助于提高教师的教学质量。

情景教学法的实施有助于提高学生英语学习的积极性和主动性。具体而言，情景教学法包含如下几个步骤：

第一，课前准备。教师让学生对本堂课所要讲述的知识进行预习，将要模拟的案例资料预先告诉学生。

第二，创设情景。要尽可能地接近真实的场景，使学生一进入这个场景就有身临其境之感，能够迅速进入角色中。

第三，分配角色。包含独白者及场景中的各种具体角色。

第四，情景模拟。学生对案例场景进行完整的模拟。

第五，在模拟之后，教师对学生的表现进行点评，充分发现学生做得好的地方，并指出学生做的不合理的地方，然后和学生共同探讨如何做得更好。

（四）任务教学法

关于任务教学法，布朗认为任务型教学是将任务作为教学的焦点和中心，将学习过程看成与教学课程相关的一系列为目标服务的任务的集合。任务型教学法的特点就是将任务作为核心单位来组织英语教学，它以任务大纲为依据，以任务作为单位来组织英语教学，完成教学目标。简单来说，所有教学活动都是围绕任务来展开的，并为任务服务。

任务教学法在实施中主要可以从以下三个阶段着手。其中每一个阶段都有其自身的教学目标和方法。

任务前阶段的教学目的不仅是为了让学生将自身的已有知识激活，帮助学生构筑语言系统和思维方式，还为了使学生具备完成任务所需要的知识，减轻下一阶段的压力。其主要包含两个小阶段：一是任务准备阶段；二是任务呈现阶段。

任务中阶段就是任务的实施阶段，是学生习得语言技能的阶段。在这一阶段，任务的选择是非常重要的。教师选择任务的难度过高或者过低都不利于学生的英语学习。在实施任务时，教师所采用的方式也是多种多样的，如小组形式、结对子形式等。其中小组形式是最常见的形式，在进行小组活动时，教师应对小组任务、个人任务都有明确的规定，并且给予学生恰当的指导。另外，为了鼓励学生，教师也应该作为小组中的成员参与其中，这样可以更好地了解学生的学习情况，以便进行监督和指导，从而保证任务完成的质量。

任务后阶段主要涉及任务的汇报和任务的评价。在完成任务之后，教师可以让小组代表汇报任务完成的情况。这个代表可以由教师指定，也可以由小组决定。当学生汇报任务时，教师并不是让其自由发展，而是给予一定的帮助和指导，以确保汇报更加自然和准确。当各个小组汇报完之后，教师应该对学生的汇报情况进行评价，指出每组活动的优缺点，并选择出最佳小组。这不仅可以让学生品尝到成功的喜悦，也可以帮学生认识到自己的缺点，同时也能够对他人有一个理智的、正确的认识和评价，帮助学生形成良好的评价思维。

（五）分级教学法

分级教学又称为“差异教学”或者“分层教学”，是当前大学英语教学的主要方法和趋势之一。分级教学法的理论基础是因材施教理论和 i+1 理论，这两大理论都是以学生为中心的。对分级教学法有科学的了解和把握，有助于优化师资力量、提高教学水平、调动学生的积极性和主动性。下面就对分级教学法进行重点分析和探讨。

分级教学的实施标志着我国大学英语教学从传统的教学模式向现代教学模式转变，充分体现了以学生为中心的教学理念。在具体的实施过程中，大学英语分级教学模式应注意科学合理地分级、提高分级区分度、尽量避免负面影响、贯彻好升降调整机制及制定科学的评价标准。

1. 科学合理地分级

科学合理地分级对于分级教学来讲十分重要，因为它是分级教学最终能够达到良好的教学效果的关键和前提。为了实现分级的科学性，在实施分级时要遵循以下两点原则：一是统一考核分级与个人意愿相结合；二是考试结果与实际水平相结合。为做到统一考核分级的科学性，需要注意分级试题和标准的科学性。通常，分级试题要根据《大学英语课程教学要求》规定的各级词汇量，有层次、有计划地准备多套成熟的分级试题。分级编班一般在学生入校时就需要做好，在具体的实施过程中应注意以下两点：

首先，要以系为单位，以高考成绩为基础，结合分级考试成绩为学生安排班级。

其次，要仔细了解学生对分班的学习需求和个人意愿，以充分尊重学生的意愿，激发学生的学习积极性。

2. 提高分级区分度

一般情况下，分级分数线是根据考试成绩来设定的，如高考成绩或摸底成绩，但是这样很难准确地测试出学生的实际英语水平。这是因为，学生对摸底考试的重视程度不同，所以导致的最终结果也存在明显的差异，甚至很多学生由于几分之差而落选高级班，这对于这些学生来说是不公平的，也就失去了分级教学的价值。为了使分级具有较高的区分度，可以让广大学生参与到分级中来，使学生从单向选择转向多向选择。具体做法是：刚开始以考试成绩作为参考进行摸底，但同时要公布不同级别学生的不同点，以及这些学生在听、说、读、写、译各层面上的最终目标和学习要求，由学生根据自己的学习情况来自动申请级别，最终再由学校进行考核。这种分级方式不仅可以调动学生的积极性，还可以增强学生的自觉意识。

3. 尽量避免负面影响

分级教学法是当前大学英语教学法的新事物，在管理方面、组织方面也存在不可避免的缺陷，如对学生的考勤情况难以操控、操作过程过于复杂、很难培养学生的归属感等。这些问题在一定程度上对分级教学法的实施产生了影响。但是，要想建立起一套完整的教学法机制，首先就需要对这些问题予以正视，并努力制订完善的制度规范，从而避免这一教学法产生的负面影响，使分级教学法发挥最大的作用。

4. 贯彻好升降调整机制

所谓升降调整机制，是指按照考试成绩和学生自愿的原则，从一定范围内对学生的级别不断调整，使学生的级别能够随着学生成绩、对英语的学习兴趣等的变化而变化。简单来说，对于进步的学生安排升级，调动学生学习的积极性，也能为其他学生树立榜样；对于退步的学生安排降档，从而对其进行刺激，使这些学生不断努力来赶超前面的学生。

（六）交际教学法

交际教学法产生于20世纪70年代的西欧共同体国家，又可以称为“功能—意念法”或者“功能法”，其是建立在海姆斯、卡纳尔和斯温理论的基础之上的。该教学法强调学生的中心地位，注重教学过程的交际化和教学内容、教学方式、教学环境的真实性，且侧重实践模拟。

在交际教学法的实施中，小组活动是最常见、最有效的一种途径。小组活动是将学生划分成若干个小组，由小组内部成员共同完成教师布置的任务，并在实践中不断提升自己的交际能力。通过小组活动，目的是为了能够不断提升学生的语言交际能力，给学生提供更多交际的机会。具体而言，小组形式的交际教学实践活动可以划分为以下几个步骤：

第一，对小组进行划分。首先，要确定小组的规模，一般认为3~6人是最适宜的人数，这样有助于学生进行面对面的交流和练习。其次，还要确定小组内成员的语言能力，一个小组内成员的语言能力不可能都偏低或者都偏高，应该均衡搭配。

第二，教师对小组内成员进行分配角色，确定组长、副组长，主要是为了协调小组活动。

第三，布置具体的交际活动，活动的主题和素材应该从大多数学生的实际情况出发，并且每一个活动都应该选择一个恰当的、合理的主题。

第四，让学生们根据这一主题展开讨论。

第五，教师对学生进行提问，激发学生积极参与的热情，在提问时应该先整体后局部，并给学生留下充足的时间去思考，最后让学生给出答案。

（七）个性化教学法

英语教学是面向学生的，因此要坚持以学生为中心。学生不同，其心理特征、精神面貌也存在差异。因此，必须尊重学生的个性化特征及其身心发展的客观规律，这也是国家对大学英语教学工作最起码的要求。另外，不同的学生、不同的个体、不同的特征也要求大学英语教学应该将侧重点放在学生自身的爱好和特长上。因此，在大学英语教学中应采用个性化教学法，这不仅有利于提高教师教学的效果，也有助于促进学生的全面发展。

受教学理念、教学目标、教学技术等不断发展的影响，英语教学应该实施个性化教学法。在英语课堂教学中，采用个性化教学法可以发挥学生的个性特点，展现学生的个性优势，提升学生的个人能力，从而必然会提高英语课堂教学的效果。但是，如何实施个性化教学法呢？

首先，要尊重学生的个性发展。我国当前的教育教学十分关注学生的素质教育，而素质教育和学生的个性发展有着紧密的联系，两者是相互依赖、相辅相成的。因此，在大学英语教学过程中，教师必须要重视个性化教学对素质教育的意义，同时加强学生思想品德的培养，提升学生的综合素养。

其次，要尊重学生的主体地位。在英语教学中，学生占据主体地位。因此，教师应该以学生为中心，尊重学生的主体地位，只有这样，才能突出学生的主体地位，充分发挥学生的主体作用，提高学生英语学习的积极性和主动性，从而有效地提高英语教学效果。

最后，要尊重学生的自尊心。自尊心是任何人类行为中最有渗透性的方面，对人类行为具有十分重要的影响。甚至可以说，一个人没有一定程度的自尊心、自信心和对自己的了解，就无法进行任何关于成功的认知和情感活动。就英语教学而言，学生的学习效率和效果受到自尊心的重要影响，而学生的自尊心在很大程度上来源于教师对学生的尊重。因此，每个教师都有责任尊重学生的自尊心，即使学生身上有各种各样的缺点，教师也不应表现出忽视或轻视的态度，而应多关注学生身上的闪光点，并予以肯定，这样才能帮助学生更好地进步。

二、大学英语教学的原则

教学原则是教师根据一定的教学目标，并遵循一定的教学规律来指导教学的一项基本要求和行为准则。大学英语教学的基本原则不仅应该反映英语这门学科的特点，也应该反映学生学习英语的心理特点，同时还应该反映中国人教授英语与学习英语的特点。在具体的教学实践中，很多专家学者总结了一些基本的教学原则，用以指导当前的大学英语教学。

（一）学生中心原则

学生是教学活动的主体与内在因素，因而在英语教学中应坚持“以学生为中心”的原则，充分发挥学生的主观能动性，从而使教学质量得以提高，教学任务顺利完成。

学生中心原则指的是在教学中从学生的实际情况出发，进行教学活动的设计与开展。具体来说，学生的实际情况包括：真实的学习目标、真实的学习兴趣、真实的学习动机、真实的学习机制、真实的学习困难。

在具体的教学实践过程中，教师应该在考虑上述因素的基础上，鼓励学生积极参与教学活动，获得知识的体验，培养学生的语言能力、交际能力及应用能力。

在以学生为中心的教学原则下培养出的学生能够感受到自身在英语教学与学习中的地位，从而以主人翁的态度进行英语学习，在学习上也会更加主动、积极。思辨能力的培养也应该以学生为中心来展开，重视学生在教学和能力培养中的中心地位。

（二）交际性原则

交际性原则符合英语教学的最终目的，因此是高校英语教学的重要培养原则之一。具体来说，遵循交际性原则下的英语教学需要注意以下几个方面的内容：

1. 重视英语教学的交际工具作用

英语是人类语言交际的重要工具，其通用语言的地位提高了人们对其的需求性。高校英语教学的目的是让学习者了解英语语言，从而掌握使用英语进行交际的技能。

因此，高校英语教学需要在以学生为中心的原则下，在交际性原则的指导下进行教学活动。在课堂教学过程中，教师需要重视交际性语言的教授，提高教学和实际交际的联系，切实发挥英语课堂教学的重要性。

除了在高校英语课堂教学中重视交际性之外，在学生的学习中也需要体现出交际性。教师需要将教学活动和语言的应用活动相结合，从而在整体上提高我国英语学习者的交际能力。

受我国第二语言学习环境的影响，我国英语学习者缺乏一定的语言交际环境，因此，课堂教学成了实现语言交际的重要途径，师生间、生生间的交际成了主要的语言交际行为。鉴于课堂教学的重要性，教师可以利用相关的教育资料，为学生创设不同的语言交际情境，让学生能够感受到英语交际的实用性。在交际性原则培养下的英语学习者，往往对英语学习更有兴趣。

2. 重视语言语境的影响作用

我国传统的高校英语教学主要将教学重点放在语言知识的讲授方面，对于学生的交际能力培养有所欠缺，使其难以在日后的跨语言交际中灵活地使用英语。

为了提高学生的交际能力，教师应该重视语言语境的影响作用。具体来说，语境主要包括时间、地点、交际者、交际方式、谈话主体等。

交际语境的不同，即使使用相同的语言表达方式也可能出现不同的交际效果。高校英语教学中应该重视语言语境的影响作用，培养学生对语境的适应性和灵活性。例如，教师可以在课堂上创设不同的语言使用情境，让学生分角色扮演语境中出现的人物，并使用英语进行表达。这种练习活动不仅能够增强师生之间的交流，对于学生掌握语言也大有裨益。

3. 重视语言教学的生活性

高校英语教学是为了学生的生活服务的，因此在教学中需要重视教学的生活性。

教师可以将教学内容和学生所关心的话题进行整合，给学生提供充足的、内容丰富的学习资料。由于这些教学内容与学生的生活息息相关，会引起学生的共鸣，最终可以调动学生的学习和参与意识，促进教学效果的提高。

（三）兴趣性原则

兴趣是进行英语学习的重要推动力，在强烈的英语学习兴趣下，学习者的语言学习效果会大大提升。学生能够用积极的态度探索不同的学习领域，在探索过程中又会加大英语学习的兴趣。

高校英语教学也应该重视兴趣性原则的影响范围，充分调动学生的情感因素，激发学生对英语学习的兴趣，从而营造一种积极向上的英语学习氛围。具体来说，兴趣性原则指导下的英语教学活动可以从以下几个方面着手：

1. 充分了解学生的特点

由于年龄、性格、学习阶段的不同，学生所表现出来的特点也不尽相同。教师应该充分了解学生具体的特点，从而在尊重学生的基础上，提高学生学习英语的兴趣。

在高校英语教学实施中，教师需要从学生的生理、心理特点出发，制订不同的英语教学计划，选取灵活多样的教学手段，让学生切实体验到英语学习的乐趣。

2. 改变传统的英语教学方式和评价方式

在传统的高校英语教学中，主要是通过死记硬背的方式来进行教学的。这种"填鸭式"教学在英语学习的初级阶段可以收到一定的成效，但是在高校英语教学中却收效甚微。

鉴于此，教师应该创设符合高校生真实水平的教学内容，教学策略和实践也需要开发学生的英语思维，帮助学生内化与吸收语言知识，从而为日后的语言交际打下基础。

3. 对教材进行深度挖掘

教材是教学的指导性文件，在教学中有着举足轻重的作用。高校英语教师在教学前，应该认真、透彻地研究教材，挖掘教材中学生的兴趣点，避免教材枯燥对学生的影响，从而调动学生学习的积极性。

（四）发展性原则

所谓发展性原则，就是要保证所有学生的智力和非智力因素都得到发展。发展所有学生的智力因素与非智力因素既是教学工作的起点，也是教学工作的终点，还是衡量教学效果的重要标准。

高校英语教学过程既是学生认知、技能与情感交互发展的过程，又是生命整体的活动过程。因此，学生的发展可以看成一个生命整体的成长，并且这个发展过程既有内在的和谐性，又有外在能力的多样性及身心发展的统一性。要实现英语教学的发展性，需要做到下面三点：

第一，教师要关注每个学生的成长，以保证所有学生都得到发展。

第二，充分挖掘课堂存在的智力和非智力资源，并合理、有机地实施教学，使之成为促进学生发展有利的资源。

第三，为学生设计一些对智慧和意志有挑战性的教学情境，激发他们的探索和实践精神，使教学充满激情和生命气息。

（五）综合性原则

高校英语教学还应该重视综合性原则，将语音、词汇、语法等知识进行交互教学，从而提高教学的实用性。具体来说，综合性原则指导下的高校英语教学应该重视以下几个方面的内容：

1. 整句教学与单项训练相结合

由于英语教学是为了提高学生的语言应用能力，因此在教学中，教师最好采用整句教学的方式。

学生在学习到语言表达之后就能直接运用，有利于学生语感能力的提高。具体来说，整句教学的顺序是先教授简单的句子，然后在教授较为复杂的和长的句子，将整句教学和单项训练相结合。

2. 进行综合训练

语言学习是一个完整的整体，需要在教学中进行综合训练，也就是结合听、说、读、写四个部分。在高校英语教学中，听、说、读、写的培养是教学的主要途径，教师可以训练学生的多种感觉器官，保证四项技能训练的数量、比例、难易程度，从而使学生完成不同的学习任务。

3. 进行对比教学

由于英汉语言的差异性，在高校英语教学中还需要进行对比教学，引导学生在语言使用中学习单词、语法、语音。这种对比教学的方式能够保证整体教学效果的提高。

（六）渐进性原则

高校英语教学中的渐进性原则指的是具体的教学活动要根据学生的特点、年龄进行，要符合人类认知的规律及心理特征，做到从浅入深，由易到难。

循序渐进有利于将学生的已有知识、生活经验及好奇心联系起来，有助于我们认清事物发生及发展的过程，明晰所学内容的条理，逐步掌握解决问题的方法，形成解决问题的能力。贯彻这一原则需要做到如下几个方面：

第一，精心设计每个教学环节，明确各个教学环节的目标，选择最佳的方法及手段，使知识的呈现生活化和生动化，使形象与抽象逐步过渡、操作技能与逻辑思维的发展有机结合。

第二，保证每个教学环节过渡自然，做到承上启下。

第三，有序拓展知识网络，懂得每一次的学习都是知识的又一次积累和补充，以便形成较为完整的知识体系。

（七）灵活性原则

语言处于不断变化发展的过程中，是一个充满活力的开放性系统。因此，高校英语教学也要遵循灵活性原则。

1. 语言使用要有灵活性

学习语言的最终目的是交流沟通。教师要通过自身灵活地使用英语带动影响学生使用英语。在课堂教学中，教师应尽可能多地用英语组织教学，使学生感到他们所学的英语是活的语言。此外，教师还可以通过灵活的作业为学生提供灵活使用英语的机会。

2. 学生的学习方法要有灵活性

在高校英语教学中，教师需要积极探索符合学生学习规律和心理、生理特点的自主学习模式，从而帮助学生提高自主学习能力，使学生能够进行自我激励和监控，从而提高语言技能。

3. 教师的教学方法要有灵活性

英语教师在讲授语音、词汇、语法等语言知识和培养听、说、读、写、译等语言技能时要具体问题具体分析，根据不同内容要采取不同的教学方法。

（八）文化性原则

文化导入也是英语教学的重要原则。我国的英语教学将培养学生的英语交际能力作为教学的重点，而成功的交际既需要语言知识，又离不开文化知识。

在英语教学活动中，我们可以从以下几个方面来进行文化教学。

第一，注意捕捉教材中的文化信息。

第二，运用真实的情景教授文化知识。

第三，认真分析中西方文化的差异。

第四，充分利用多媒体与网络进行教学。

（九）持续性原则

在完成基础英语教学阶段的学习之后，学生还要向更高级别的英语教学阶段发展，继续进行英语学习，因此在英语教学中，教师就要坚持可持续发展原则，在实践中自觉为学生打好向高级阶段学习的基础。具体可以从以下两个方面入手：

1. 做好知识的前后正迁移

遗忘是学习任何知识都不可避免的问题，因此我们必须通过巩固来习得语言知识。但是，仅凭巩固往往得不到满意的效果，而应在教学中培养学生的英语实践能力，也就是在发展中达到巩固，以巩固求发展。而巩固性和发展性需要在概念同化、知识和技能的迁移中体现出来。

因此，教学中应尽可能通过各种方法来增大正迁移量，以便学生更好地掌握知识和提高实践能力。

2. 培养学生学习英语的正确态度

培养学生学习英语的正确态度也能提升学生学习英语的持续性。具体来说，教师应该重点培养学生积极的、勇敢的学习态度，要让学生感受到英语学习的乐趣，同时要锻炼学生敢于使用英语进行交际的能力，要使学生将英语学习作为自身成长的一部分。

此外，教师还应着重培养学生的自信心和克服困难的意志。陈琳、王蔷、程晓棠等（2002）提出了几个培养和发展学生积极情感态度的建议。

（1）结合外语学习内容讨论有关情感态度问题。

（2）建立良好的师生关系。

（3）建立情感态度的沟通和交流渠道。

持续性原则的提出有助于学习者语言能力的不断发展，需要教师和学生的不断努力。从教师的角度，教师应该做好知识的迁移，让学生提高对知识的应用能力。从学生的角度，学生应该培养英语学习的正确态度，在思辨性思维的作用下提升英语自主学习能力和应用能力，提高自身的文化素养和语言能力，最终能够达到使用英语进行交际的能力。

（十）以就业为导向原则

以就业为导向原则主要适用于高职英语教学。这是因为高职英语教学具有特殊性，其教学过程更加注重实用性、准确性。大致而言，该原则需要高职英语教师注意以下几个方面：

第一，在教学过程中所讲授的内容要与高职学生未来所从事的职业紧密相关。

第二，在开展语言方面的实践训练时争取实现“零过渡”。换言之，高职院校可以与社会企业、事业单位进行有效合作，为学生提供更多的就业实践机会，从而在他们的帮助下顺利完成英语教学任务。

第三,《关于全面提高高等职业教育教学质量的若干意见》中指出，高职英语教学应该以强化学生职业能力的培养为导向，推行“双证书”制度，力争实现具有职业资格证书的 80% 的毕业生都能取得“双证书”。该政策就是倡导高职院校可以与社会上的一些“考证”机构合作，帮助高职学生在毕业时可以取得双证或多证，为自己的未来发展谋取更多的道路。

第三章　互联网 + 与大学英语教学

第一节　互联网 + 技术与英语教学相结合的背景

互联网 + 技术与英语教学相结合是基础教育教学改革的一个新途径，与学科教学有着密切的联系和继承性，同时又具有相对独立性。互联网 + 技术与英语教学相结合，不是把互联网 + 技术仅仅作为辅助教或辅助学的工具，而是强调要把互联网 + 技术作为促进学生自主学习的认知工具和情感激励工具，利用互联网 + 技术所提供的自主探索、多重交互、合作学习、资源共享等学习环境，把学生的主动性、积极性充分调动起来，使学生的创新思维与实践能力在整合过程中得到有效锻炼，这正是创新人才培养所需要的。但互联网 + 技术在英语教学中也存在误区，中老年教师在多媒体教学中普遍存在偏见。因此，互联网 + 技术与英语学科教学整合，要通过广大教师的实践探索、不懈努力，才能取得丰硕成果。

互联网 + 技术与英语教学相结合的实质含义从哲学上看来，课程是一种进入教育领域的特殊文化，教学改革实际上是课程文化的变迁和创新。互联网 + 技术的迅速崛起和普遍应用，正在导致从工业文化向信息文化的转换。这反映到教育领域来，就集中表现为信息化课程文化的建构。在这一背景中加以观照，互联网 + 技术与英语教学的历史使命，无疑就是建构新型的信息化课程文化。从 19 世纪末到现在，以计算机和网络通讯为核心的互联网 + 技术在社会各个领域中得到了广泛的应用，同样也对中国的教育产生了巨大的冲击，英语教学也迎来了新一轮深刻的变革，传统教学的一张嘴、一支粉笔、一本课本和一块黑板已不再适合时代发展的要求。互联网 + 技术进入英语课堂已经成为中国教育改革的必然，那么怎样把互联网 + 技术与英语教学整合起来呢？怎样才能最大限度地发挥互联网 + 技术的优越性从而推动整个英语教学的发展呢？

一、互联网 + 技术在英语教学中的重要性

互联网 + 技术具有其他教学手段无法比拟的特有效果，能充分调动学生学习和探究的主动性与积极性。在英语教学中充分合理利用互联网 + 技术，可以让学生变被动听课为主动参与课堂学习，从情感上、思维上、行为上参与学习，能使学生在心理发展水平的最佳状态进行学习，从而极大地调动学生学习的积极性与主动性，提高学生的整体素质。另外，学生可以自由地选择对自己有用的内容进行学习。互联网 + 技术在英语教学中的运用，使学生的学习不仅仅局限于课堂，而是把目光投向了全国甚至是全球。互联网给学生的学习展示了一个非常好的平台，学校有校园网，学校还和全国许多学校建立了资源共享的合作伙伴关系。

互联网 + 技术在英语教学中，把电子媒体（数字化的文字、图形、动画、图像、音频和视频）充分应用到英语课堂上。在英语教学过程中，多媒体教学能给学生的学习提供丰富多彩的信息资源，能把大量抽象的字母符号通过图像、声音、语言环境，创设情景让学生进行情景再现，培养学生视听语言材料的习惯。可以让英语教学在图文并茂、色彩纷呈、形象逼真、情趣盎然的多媒体图文影像环境下进行，从多方面激发学生的兴趣，使学生听得准、记得牢、学得多，教学效果必然会比传统教学效果好得多。

二、互联网 + 技术在英语教学中的运用

随着教育信息化的发展，以互联网 + 技术作为认知工具，以网络世界作为学习天地，使课堂生动、学生主动、师生互动，使英语教学和学习都达到较好的效果，这无疑将是信息时代占主导地位的课程学习方式，必将成为 21 世纪学校教育教学的主要方法。因此，我们要积极探索运用计算机技术提高英语教学效果的有效方法，并在实践中不断进行创新和发展。据此，我们要充分利用好互联网 + 技术，发挥互联网 + 技术在英语教学中的巨大作用。

校园网是运用互联网 + 技术进行教学的基础，每个教师都要首先利用好校园网。一是利用校园网的光盘库，播放教材同步 VCD 光盘进行视听说教学；二是自己采集和利用教学资源库的歌曲、影视音像资源，通过校园局域网在教室中进行听说练习，如播放英文歌曲进行听写和学唱，寓教于乐，增强对英语的感性认识；三是利用校园网中的教学资源，充实自己的电子教案，丰富学习材料，如与课文主题相关的图片、文字、歌曲、影像、网址等，从而拓宽思路，更好地为教学服务。

互联网 + 技术在英语教学中的运用，最重要的是主动利用课件教学。互联

网+技术为学生创设了良好的语言环境，提供了更多的语言实践和交际的机会。如借助网络课件，可以创设语言交际情景，让学生进行情景对话和角色扮演甚至是独具创意的对话，从而很好地培养学生的交际能力和创新精神。在创造真实的语言环境方面，教师可以制作多媒体课件，在课堂上通过音频、视频多媒体播放关于使用英语国家的报道，把学生带进真实生动的场面和情景中，让学生身临其境地了解和学习使用英语的国家的文化传统、风俗习惯、人文风光、历史地理，那些丰富地道的语言，使学生如同身临其境，边"旅游"，边学英语。每个教师和学生都可以积极主动地进行课件设计，作为英语学科，课件的设计应从着重培养学生的"听、说、读、写"的综合能力出发，创设语言情境，激发学习动机，启发、引导学生对所学内容的正确理解和运用，并且突出重点、难点，提高学生的综合运用语言的能力。

三、互联网+技术在英语教学中，开阔了学生的视野

在掌握课本知识的基础上，从网上的英语网站，播放与课文内容有关的动画片，让学生进一步开阔知识面，把学到的英语知识应用到真正的英语环境中。

教学实践使我体会到，计算机多媒体教学为学生创造了图、文、声并茂，生动活泼的情境，超越时空，将单词与句子、语法与口语完美地结合在一起，真正实现了听、说、读、写、唱、玩等激发学生兴趣和培养学生能力的良好效果，提高了英语教学质量，真正实现了教师、学生、教材和教学方法的新组合，值得我们英语教师在今后的教学工作中进一步实践和探索，以适应信息时代的需要。另外，我们还要积极运用互联网。通过信息技术学习英语，是一条全新而有效的途径。利用电脑网络，可以扩大教室的空间，创造出缤纷多彩、真实地道、兴趣盎然的英语学习天地，培养学生学习英语的兴趣。如教师和学生可以借助网络收集和整理相关课题的资料作为教材课题的拓展学习资源，可以在学校主页上建立链接进行网络学习，可以由教师把经过认真筛选的相关网址提供给学生进行自主学习，还可以引导学生正确利用英语网站获取信息，拓展有限的课文内容，这些方式的学习使教学信息得到极大扩充，知识范围广泛拓展，课堂结构更趋于开放，从而开阔了学生的视野。

四、互联网+技术在英语教学中，创设了情景教学，提高了学生的学习效率

巧用多媒体教学有利于创建英语学习氛围，在多媒体教室中，利用各种现代化教学手段有利于创建这种环境和氛围。英语中的"听和说"技能是英语教学中

五项综合技能当中最基本、最重要的技能，也是最能体现出英语素质教育的主要内容。因此，根据教材的内容和要求，有计划、有步骤地在每节课中安排学生听配套磁带、光盘中的原文对话，让学生接触到正确的语音语调，力求奠定良好的语音基础。同时，通过投影设备来投影上课所授的重点和难点、图表、图形及测验题目。对多媒体的综合利用较好地创建了英语教学的英语氛围，使学生们自然而然地进入英语学习的状态中，学到纯正的英语，同时激发了他们学习英语的兴趣，从而让他们更加积极主动地进行学习。

在英语课件中插入影视演播，能激发学生浓厚的学习兴趣，提高学习效率。英语教学中与英语配套的教学影片、软件及英文原版的影像资料非常丰富，影视中的语言材料来源于生活，贴近生活，是真正的日常会话。在课件中有机地插入这些材料，可以使学生多角度地解读课文。在英语教学中，直观教学多优于一般的讲解。利用生动、形象的卡通与动画教学手段进行听、说训练很容易使学生产生新奇感，使学生能够集中注意力，而且生动、形象的电化教育又创设了一定的教学情景，使学生的注意力集中，可以加深学生对所学知识的理解。例如，在进行职业单词教授的时候，由于条件的限制不能一一作出相应的解释，但我可以通过从网上找到的 FLASH 动画展示给学生，使学生在短时间内掌握新课的内容，收到了很好的教学效果。通过一幅幅彩色画面，学习由抽象到具体，由枯燥到形象直观，提高了学生的学习效果。

五、互联网 + 技术在英语教学中，要求提升英语教师的自身素质

教师的主导作用更多地反映在教学设计中，反映在多媒体课件的研制中，反映在组织教学的过程中，反映在教学的反馈过程中，而这些都需要教师具有良好的自身素质。

英语教师在英语教学观念上要有现代教育理念。互联网 + 技术作为一门新兴学科，英语教师应有新的教学观念。英语教师要摒弃旧的教育思想，把握教育发展的内在规律与时代特征，树立正确的教育观与人才观，才能适应教育技术现代化的要求，要有终身学习的思想。在当今信息迅速激增的时代，知识的更新和发展速度极快，英语教师如不注意学习，就更容易落伍。要有创新的精神，教育的主要功能是培养和发展人的创新素质，而教师在教学过程中的创新设计、创新思维、创新意识都影响着学生，教师需要创新精神。另外，英语教师要充分发挥主导作用，根据学生特点、教材特点，精心选择教学内容，精心设计教学过程，精心安排教学环节，充分调动学生学习的积极性、主动性，让学生充分体验成功的喜悦。

在现代教育实践中，英语教师需要有新颖的教学方法。教育技术的现代化促使英语教师教学方法的现代化。教育技术的现代化使英语教师的教学方法发生了变化，以“媒体”为主的教学方法更加灵活多样。

英语教师基本功和技能技巧要在互联网 + 技术的促使下现代化。互联网 + 技术形式下的教育技术现代化对英语教师的基本要求更高了，而英语教师队伍的现代化正是教育技术现代化的根本，是重中之重。这就要求英语教师这个“新角色”的职能更趋多元化，对教师教学基本功的要求更高了，除了具有原来的基本功外，还要具有电教基本功。现代化教育技术的不断发展，还将促使英语教师具有不断发展的基本功，不断提升教师的自身素质。

总之，信息技术作为辅助手段引入英语学科教学，需要一个循序渐进的过程，英语学科要巧用信息技术，不是为了上多媒体课而使用，要加强英语教师的心理学、教育技术学和学科教学的基础，发挥多媒体教学的长处，而不是抛开一切传统教学只要使用计算机就行。我坚信，信息技术与英语学科教学整合策略的研究和实施，必将带来课程内容、课程实施、课程资源、教学评价及学习方式的变革，通过广大教师的实践探索、不懈努力，必将取得丰硕的成果。面对信息化时代的到来和运用互联网 + 技术教学的普及，我们要主动应对，跟上时代的步伐，把对互联网 + 技术与英语教学整合的研究和实践推向更高的水平。

第二节　互联网 + 技术对英语教学的影响

如今，基于互联网的英语教学已经成为趋势，更多的大学和老师开始采用这种方法来提高他们的教学效率。而基于互联网的英语教学的优势是显而易见的。

近些年来，互联网在走进千家万户的同时在校园内有了很大的发展，教学局域网和校园网发展迅速，对教学产生了极大的促进。现在我国绝大多数高校的校园网都已经建成或正在建设之中，但中国的外语教学一直以来被效率低所困扰。因为受实际条件的限制，我国学校班级人数较多，教师较难做到因材施教；因为资金短缺、缺少现代化教学设备，教师只得采用讲授式教学方法，无法充分调动学生的积极性；与国外交流少、缺少外教，学生无法获得丰富的英语国家的文化背景知识，对文章中的部分内容无法正确理解，中国的外语学习者在付出了多年的努力后，仍然难以在实际交流中自如地使用外语。这种情况在中国的大学外语教学中表现得尤为突出。因此，为了满足社会对外语人才的需求，大学外语教学迫切需要变革传统的教学模式。而提高外语教学质量的一种有效途径就是在教学过程中尽可能地应用现代科技，特别是利用互联网来进行外语教学。在我国，尤其是 20 世纪 90 年代后，互联网的兴起，我国的英语教学也尝试了与互联网的结合，取得了一定的成效，但是仍然处于起步阶段。

互联网的出现，可以构建一个虚拟英语空间，大容量的电子图书，各种图、文、声、像并茂的资料都可以在网络上展现，并可以使学生获得更丰富的、更地道的外语信息。它提供了科学、规范、高效且具有针对性、适应性的英语教育和技能训练。对于互联网中的信息进行合理的筛选整合，几乎可以随心所欲地进行教和学。对于现在的英语教学模式的更新及现代模式的使用具有相当重要的意义。

在此次研究之前，笔者曾做过一个英语主题的站点，主要是英语资料的共享，包括英语视频、英语听力、英语文本等。同时还架设了一个论坛供广大网友交流英语经验。虽然站点只开了半年多，但是让我初步认识了计算机网络和英语结合的模式，认识到了有另外一种新奇的方法可以提高英语水平。在教学期间，在英语课堂上，笔者也通过网络和多媒体来教授自己所带的英语课程。现在网络上种类繁多的英语网站给我们提供了海量信息可供我们有选择地下载使用。

互联网 + 技术对英语教学所带来的影响主要有以下几个方面：

一是互联网对于英语教学环境和英语应用环境的影响。在英语教学中，我们实际上不应只是教会学生一门语言，更重要的是主要创设一个适合于英语学习的环境，只有在这样的环境里，学生的英语运用能力及自主学习能力才会得到充分自由的发展。从语言上，为学生提供足量的、多渠道的、有意义的及可理解性的语言输入。为学生提供大量的真实语言的机会，让学生感受到美丽、鲜活、生动的语言材料。

二是互联网对于学生学习英语的影响。国际互联网使得学生不再受时间和距离的约束，他们可以根据自己的意愿，与教师、同学甚至异国的朋友用英语进行交流或讨论。同时，国际互联网上有许多英语教学网站，或为学生解惑答疑，或为学生提供练习材料，或为学生提供形式多样、丰富多彩的互动在线语言学习活动。

三是互联网对英语教师的影响。英语教师与互联网有一种紧密的血缘关系，他们上网没有语言障碍。互联网在给英语教师带来机遇的同时，也使他们面临着挑战。首先，互联网为英语教师从事英语教学提供了非常便利的条件，是英语教师更新知识、提高水平、充实教学内容最现代化的工具。上网可以获得接触英语的机会，等于走进一个取之不尽、用之不竭的文化宝库，这可供英语教师使用，提高他们的语言水平。

在此，以英语教学中常用的四种互联网交互形式为例。它们是电子邮件、基于网络的教室、论坛、虚拟现实。电子邮件是一种用来提高英语教学及学习的有效工具，它能提供给教师和学生一个有效的交流平台。基于网络的教室是英语教学的一种新的尝试。这与传统的课堂教学模式不同。然而，硬件和软件的要求会是一大笔开支。电子公告板系统，这属于一种网站系统，致力于对特定的主题进行讨论，允许用户加入，在相应版面发帖、提出建议、发出问题或者问题答案。电子公告板系统现在已经被很多学生接受，并受到了学生们的喜爱。虚拟现实，是现代英语教学方式的新探索。它与其他方法完全不同。它是一个智能的基于文本的基础，它允许世界各地用户相互从事可以在现实中从事的大部分事情。

上述四种交互形式给老师和学生提供了学习和交流的便利。虽然他们有许多不足之处，但是随着科技的发展，这些问题都可以解决。随着互联网和新科学技术的进步，英语教学也会得到快速发展。

第三节　英语课堂教学与互联网 + 技术教学的对比

一、互联网 + 技术下的英语课堂教学

计算机辅助语言学习（CALL）从 20 世纪 60 年代起步，互联网兴起后，计算机辅助语言学习进入了一个新的阶段。根据教学组织形式的不同，当前网络信息技术支持下的外语教学可以分为网络信息技术支持下的远程外语教学和网络信息技术支持下的英语课堂教学。在这些领域的研究中，既有来自外语教学研究领域的专家学者，如陈坚林、庄智象、何高大、章国英等，也有来自教育技术研究领域的专家学者，如何克抗、戴正南、黄光远等，他们分别从语言学和语言教学法、教学系统设计、教学媒体、教育传播学等不同的角度对网络信息技术与英语课堂教学的整合进行了研究。总的来说，外语教学研究者主要关注语言学习的内在机制、规律，而教育技术研究者对于教学策略、教学组织形式、信息传递途径等关注较多。

教学模式可以定义为是在一定教学思想或教学理论指导下建立起来的较为稳定的教学活动结构框架和活动程序。它包括教学思想、教学方法、教学组织形式、教学步骤、师生活动等要素。根据外语教学法的主流学派分类，当前互联网 + 技术和英语课堂整合下的教学模式可以分为以下几种：

（一）翻译法模式

现代翻译法是在批判古典机械的语法翻译法及词汇翻译法的基础上，在吸取了语言学、心理学、教育学的新理论，总结了外语教学的新经验的基础上发展起来的。翻译法重视阅读、翻译能力的培养和语法知识的传授，结束了语言三要素的单项教学，实行以课文为中心，语音、词汇、语法的综合教学，兼顾听说和写作能力的培养，在教学中最大限度地发挥了母语的作用。其基本的教学流程是：朗读课文→初步翻译→讲解语法规则和词汇→逐字逐句翻译→查看标准翻译，巩固课文理解→课后练习，巩固词汇和语法。

在信息及网络技术发展的影响下，翻译教学模式下的课堂教学也发生了一些变化，在朗读课文环节，可能代之以光盘、录音等原声音频的引导下，学生跟读；在讲解语法词汇时采用多媒体课件或网络多媒体资源，对词汇或语法进行多方位的演示、演绎，但还是以教师讲解为主；在课后练习中，提供一些网络资源或者通过网络进行一些师生间的交流答疑。教学诸要素之间的关系可以表示为下图：

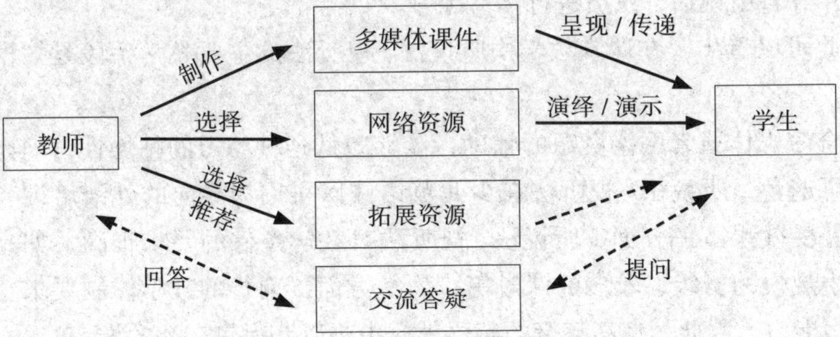

这种教学模式在当前班级人数比较多、集体授课时仍然用得比较多，由于翻译和讲解占用的时间比较多，所以学生和教师之间互动是比较少的，学生之间的互动基本上没有。在交流答疑中，也是师生之间的为主，甚至由于条件的限制，这种交流答疑成为虚设。

基于这种教学模式，产生了教学产品包括一些教学光盘、语言学习资源库、英语教学系统、英语网络课程等。代表产品有《大学体验英语》《新思维大学英语网络教学系统》《新时代交互英语》《新视野大学英语》等。它们既可以称之为网络教学系统，又可以称之为立体化教材。从名称上看，产品定位比较单一，其内容也一般是教材的翻版，仍是教学的辅助工具，在教学中的作用可有可无。虽然在试点学校获得好评但是也暴露出很多问题。不论这些教学产品采用多先进的教学法或者教学理念进行设计，在课堂教学模式不变的情况下，根本无法发挥出自己的优势。

（二）听说法/视听法模式

听说法和视听法模式主张在英语学习的过程中听说领先，读写为辅；反复实践，形成习惯；以句型为中心，排斥或限制母语；对比语言结构，确定教学难点；及时纠正错误，培养正确的语言习惯；广泛利用现代化教学技术手段等。基本的教学流程为：

认识，呈现句型，通过多种形式如图片、手势、情境等手段说明意思；

模仿，教师反复示范，学生准确模仿，有错误及时纠正；

重复，通过练习重复模仿语言材料，达到背诵的效果；

变换，通过替换、转换、扩展等手段进行练习巩固；

选择，从已学过的语言材料中选择某些词汇、句型，用控制的交际情景进行演讲、对话或表演，进行练习；

活用，自由说话，然后进行读写练习。

由此可以看出，在课堂教学中听说法/视听法的主要教学手段是“模仿”和“练习”。

结合多媒体或者网络资源的辅助，能够减低这种练习的枯燥性，但是机械性仍然不可避免。听说法/视听法在少儿英语或以实用为导向的外语培训教学中获得了较好的效果。一方面，听说法/视听法对教学条件的要求很高，如高水平的师资、小规模的班级、较多的课时等；另一方面，现行的教学体制要求主要是外语的读写能力，因此，在高年级的英语教学中难以获得较广泛的推广。

听说法/视听法教学模式下的教学产品，主要有多媒体语言教室、数字语言训练中心等。设备的建设费用较高，功能比较单一（仅限英语学科使用）；学生被设备隔开，比较孤立，学生之间的交流受到限制；学生获得语言输入的机会和质量是较高的，但平均到每个学生身上表达的机会仍然很少。

（三）交际法模式

外语交际法是在功能—意念语言学的基础上发展而来的教学法，主张真实的目的语材料输入、真实的交际需要与目的、学生间的互动交流与合作，另外，还主张对学生的外语思维方式、交际过程中情感、交际策略等进行培养，在教学活动中重视为学生提供充分而自由的表达机会。但是交际法主要是一种教学思想，由这一思想衍生的教学方法有很多，包括情景教学法、沉浸法、任务型教学法等，其教学流程各不相同，主要的手段就是创设机会，让学生通过使用语言来达到学会语言的目的。其中，任务型教学法的流程是：

任务前阶段（Pre-task），分析教学目标和教学内容，设计话题和任务，并设计相关的介绍话题和任务的活动；

任务轮阶段（Task-cycle），在确定任务的操作程序、任务的完成步骤等基础上，设计学生和辅导者的相关活动及流程；

语言焦点阶段（Language Focus），设计语言分析和练习活动。

在互联网+技术和英语教学相结合的研究领域中，任务型语言教学常常表现为自主探究和合作探究的学习模式。网络技术既是教师用来呈现任务、激发学生兴趣的工具，也是学生用来获取资源、交流互动、展示作品和成果的工具与途径。

对这种教学模式来说，并没有相对应的特定的产品，使用的设备主要是网络多媒体计算机机房或者校园网平台，一些移动学习设备也被广泛应用到这种课堂中，主要作用是拓展课堂时间和空间，为学习者的交际或任务活动提供尽可能多的资源或者功能支持。但是这些产品或者设备的作用的充分发挥还是有赖于课堂的教学设计的良好与否。

总的来说，在英语课堂教学中，针对不同的学习阶段及不同的教学内容，所采用的教学方法是不尽相同的，课堂教学比较倾向于采用一种混合式的学习模式。因此，教学产品的功能也是趋向于一个多功能的综合体，单一功能的产品较难大规模的去推广。但是，教学产品想要充分发挥其作用，必须有与之配套的、较易推广的教学模式和教学方法。

二、传统的英语课堂教学

传统的英语课堂教学，只重视英语知识的机械输入和积累，而忽视学生学习英语过程中受到的启发，特别是英语语言的实践过程，学生被动学习，课堂气氛缺乏活力和生机，师生之间缺少情感交流与有效互动。新课改指导下的课堂教学要求：教师在组织课堂教学中，不仅要有效灵活地传授知识和技能，同时，还要激活课堂气氛，调节学生学习兴趣，师生之间要进行情感交流、教学互动。

（一）建立和谐融洽的师生关系

课堂教学中，师生之间的情感调控十分重要，只有师生间的情感发生共鸣，教学互动、教学效果和课堂效益才能达到最优化。因此，英语课堂教学中，教师要充分利用情感调控，树立三个基本观点：全面发展的质量观，以人为本的教学观和民主合作的教学观；同时，教师还应处理好三个关系：教师指导、协调与学生主体关系，教师与学生的情感交流互动关系，教学的统一要求和学生个性特长关系。为调控学生情感，激发学生学习英语的兴趣，在英语课堂教学的每个环节都应充满对学生的理解、尊重和希望，应体现民主与平等的教学意识；教师应以表扬为主，暗示批评为辅，随时发现学生的亮点，使每个学生都体会到成功的乐趣和成就感。同时，教师应根据学生的个性，培养其兴趣特长，鼓励他们学习好英语学科，拓展他们的知识和思维，并使其个性进一步得到广泛的发展和升华。

（二）设计生动活泼的课堂教学

英语教学过程本来就是一个寓教于乐的交际活动过程，目前使用的教材的编排也力图体现这一特点。教材以语言结构为主体，将交际能力的培养作为主线贯穿始终，把教育思想和教育内容融为一体，不但教给学生语法结构，而且教给学生如何使用语言，通过使用语言来学习语言，使外语教学过程成为语言交际的过程。各单元的对话，既有相对的独立性，又有连贯性，给学生循序渐进的学习语言提供了基本的有利条件。如果教师能够针对教材的特点，精心设计自己的教学过程，充分考虑各个教学环节，把知识性和趣味性融为一体，学生学习的兴趣就会经久不衰。在这里必须强调的是，在教学中教师要力求将生动活泼的气氛和严谨认真的要求有机结合起来，力争达到双向交流，环环相扣，步步紧逼，直达主题的效果。

（三）组织课堂教学中，要营造和谐的课堂氛围

英语教学并非单纯机械的单词和语法知识积累，而是开启学生获取知识和能力的智慧天窗。在组织教学中，教师要根据学生的心理欲望，释放出内心的激情，让他们独立地发现问题、分析问题、解决问题，主动积极地参与英语课堂教学，轻松愉快地学习。

俗话说："亲其师，信其道。"一堂英语课的成功与否，主要看课堂气氛是否活跃，学生是否积极主动地参与其中。倘若一堂英语课上，只有教师在讲台上唱独角戏，学生在下面昏昏欲睡，课堂教学效果和效益也就可想而知。因此，在组织教学中，教师应注重营造和谐的英语课堂教学氛围，而和谐的英语课堂教学氛围主要来源于师生之间融洽的关系，即师生合作和互动。在英语课堂教学中，建立和维护良好的师生关系是十分必要的，只有师生产生感情共鸣，才能使学生对英语产生浓厚的兴趣，期望上英语课；同时，教师应注意在课堂上尽量扣紧与本节课有关的英语知识和少许已学过并与本单元相关的知识；尽量不要提问与本单

元无关的知识并借此对学生大加责难，那样做会使师生之间的感情产生对立。在组织教学中，教师要认真对待学生的质疑，不可搪塞或冷处理，要让学生大胆阐述自己的见解，有时学生的观点难免幼稚，教师不要嘲笑，而是耐心引导，肯定点滴见解，必要时可参与学生讨论。

（四）开放引导的课堂能提高教学效率

学生的自主学习是第一位的，教师的引导调控是第二位的。着眼于学生自主发展的空间，既是对学生运用语言的评价，也指向了学生的学习态度，其激励的效果也是显而易见的。

（五）利用一切有利条件，不断增强学生学习的兴趣

在课堂教学中，要善于抓住一切可以利用的因素，增强学生的兴趣。比如，在教单词时，可以利用图片乃至实物进行教学，能表演的动作尽量表演出来，使学生一目了然。比如，教时间的表达法，笔者做了一个挂表，一边转动指针，一边指导学生练习。指针转得越来越快，学生对如何表达英语的时间越来越熟练。下课后，学生们围着挂表，转着指针，说着关于时间的英语单词；教感叹句时，尽力夸张要感叹的词，又有表情又做动作，学生极易理解又记忆深刻；教祈使句时，命令学生一会儿向东；一会儿向西，一会儿要求他们执行正命令，一会儿要求他们执行反命令；一会儿教师命令学生，一会儿学生又命令教师；等等。在丰富多样、反复实践、正误比较中，祈使句的用法逐渐被他们掌握。

总之，教师一定要做好指导的作用，让学生积极参与英语语言实践，才能提高学生学习英语的兴趣。当学生有畏难情绪时，教师要耐心引导；有点滴成绩时，及时表扬、肯定。只有这样，学生才能保持良好的学习状态；只有这样，英语课堂教学才能充满激情和活力，学生才能积极主动去学习，教师才能提高学生参与英语课堂教学的积极性和主动性；也只有这样，教师上课时才有激情，学生听课就动情，师生互动才煽情，学生交流就尽情。

第四章　互联网 + 视域下大学英语教学模式的创新

第一节　MOOC（慕课）教学模式

在互联网 + 的时代背景下，慕课模式以关联主义为基础，开展大规模的在线教学方式和学习方式。

一、慕课教学模式概述

（一）慕课教学模式的内涵

慕课，即大型开放式网络课程（Massive Open Online Courses，简称 MOOC）。它是一种在线课程开放模式，是基于以前那种发布资源、学习管理系统及将学习管理系统与多种开放网络资源等课程模式而建立起来的。慕课主要是由具有分享与协作精神的个人组织的，他们将课程发布在互联网上，供有兴趣的学习者学习，旨在扩大知识传播。

2012 年 9 月 20 日，维基百科将 MOOC 定义为“一种以开放访问和大规模参与为目的的在线课程”。MOOC 字母所代表的含义如下：

M：Massive，说明参加这种开放课程的人数众多。

O:Open，说明课程带有开放性，凡是想学习的都可以加入。

O:Online，说明这种课程的学习时间灵活。

C:Courses，说明课程包含的种类众多。

（二）慕课教学模式的特点

大体上说，慕课教学模式的特点包含以下几个方面：

第一，互动性强，形式新颖。慕课是通过上传短视频的方式进行教学，并在视频后附有测验等，因此这种教学形式能够促进师生之间的互动，便于交流与沟通，能够使学生真切地感受到自己的学习成长。

第二，名师教育，免费教学。在互联网的作用下，世界名师上传自己的教学视频，从而解决了教育资源分配不均所产生的教育差距，使学生可以接触到更多的教学资源。同时这些资源是免费的，更提高了学习者的兴趣与关注度。

第三，网络平台，资源丰富。慕课的出现解决了教育资源不均衡的问题，在很大程度上能够提高我国英语教学的有效性。我国的英语教学由于地域发展和教育水平的不同，来自不同地域的学习者英语水平也明显不同。来自我国东部省份、地区的英语学习者，由于教育水平较高，其英语水平明显比中西部地区学生高。慕课通过网络平台的方式进行教学，打破了地域的限制，使不同地区的学习者都有机会接触优质的课程资源。

很多慕课平台被搭建起来，为学生的学习提供了便利。我国于 2013 年成立了东西部课程共享联盟，并将这年称作“中国慕课元年”。我国的幕课平台名称为 Ewant，由国内五所交通大学联合组建，包括上海交通大学、西安交通大学、西南交通大学、北京交通大学、台湾交通大学。同时上海交通大学加入了 Coursera。我国慕课平台具有以下三个方面的特点：

第一，集约性。“中国大学 MOOC”在线学习平台上收集了全国各地的优秀教育资源，在国内著名高校所引领的教学团队的精心打造下，形成了目前国内相对成功的一个教学范式。从教师的角度来看，慕课教学团队在设计教学的过程中、布置课后作业的角度上、评定学生成绩等方面都给予教师很大的启发，促进他们不断提高自己使用信息技术的能力，从而改进教学，找到最适合学生发展的教学模式。另外，全国各地的教师还可以利用在线教学平台来共享优良的教学资源。从学生的角度来看，不管是国内重点大学的学生还是普通院校的学生，都可以通过慕课学习平台获取最优秀的学习资源。

第二，广普性。科学技术的发展将人类社会带入互联网时代，同时伴随着数字革命的兴起，促使世界各个国家的教育进入“在线”状态。基于互联网的慕课教学模式下，学生的学习不受时间、地点、人员等因素的限制，一些著名教师线上所开设的慕课有时候甚至可以吸引几万人同时观看和学习。当前，在我国的大学英语教学中，学生人数非常庞大，而慕课教学模式本身所具有的广谱性就很好地解决了这一问题。

慕课作为一种新型的教学形式是对全世界所有人开放的，不管学生身在何处，只要是有互联网的地方，学生可以随时加入学习的进程中。可见，慕课自身所具有的自主性也十分符合高校英语课程教学的要求。学生在慕课教学模式下可以自由选择学习的时间、方法、步骤等，自主完成慕课课程的在线学习。

第三，交互性。与以往的视频公开课或者远程教学方式不同，慕课具有交互性的特征。以往的远程教学或视频公开课中教师与学生之间无法产生互动，是单向的。慕课教学是一种在线课堂，虽然是虚拟的，然而教师与学生却可以实现彼此互动。另外，慕课教学过程中所设计的进阶作业更为学生的学习带来了很大的动力，因为学生只有完成一定的进阶任务，才能继续观看教师的在线讲授。这一设计形式不仅为学生安排了具体的学习任务，同时教师也可以在教学过程中得到最及时的反馈。

（三）慕课教学模式的类别

国外著名学者丽萨·慕·莱恩在自身实践经验的基础上将慕课教学模式分为三种，且这三种慕课教学模式各有其侧重点。

1. 基于内容的慕课教学模式

该模式主要强调学生对学习内容的掌握，往往会通过形成性评价与总结性评价的形式对学生的学习结果展开评价。当然，这一课程开发模式同样也看重学习社区的建构与学生的参与，与课堂教学过程的网络化更加相似。该模式建立在名校教师录制的讲课视频及文本内容的基础上，同时还伴有网络化测试平台。学生可以免费注册与学习，在获得证书后会收取一定的费用。这类慕课课程开发模式吸引了大量的投资，受到很多人的关注。

2. 基于网络的慕课教学模式

该教学模式是建立在网络基础上的，重在强调给予学生充分的学习自主性。以网络为主的慕课课程中，学生可以自由决定是否参与和如何参与，还可以自主决定利用何种技术来建立自己的学习空间与分享学习内容。该模式鼓励来自世界各地的学习者利用自己所知道的软件来建立联系、分享学习内容、贡献学习成果、合作探究学习或者拓展自己的个人网络及专业网络。该课程模式比较复杂，允许学生建立自己的学习空间。

社会交互性是基于网络的慕课教学模式最为关注的重点。在该模式下，课程一般以周为学习单位，学生可以在每周内基于特定的主体进行学习，通过大量的互动与参与活动来获取知识，其中所有的学习过程都是开发式的。由于这种慕课模式没有明确的学习结果，因而在学习结束后也不会有十分正式的评价形式。

3. 基于任务的慕课教学模式

以完成任务为主的慕课教学模式，主要强调学生通过完成任务来获取知识和技能，学习是分步进行的，学生可以采取多种多样的学习方式来进行学习，不受任何约束。学生可以通过自己阅读文本材料或者录制视频材料来共享学习成果，通过视频、音频、作品设计等手段来展示自己在某一方面的技能。这种以任务完成为主的慕课课程开发十分强调学习社区在学生学习过程中所起的重要作用，因为社区是展示学生学习案例与学习设计的地方，主要用来传递学习内容，对学生的学习结果不太重视，即不对学习者进行评价。

通过上述分析不难发现，以上三种慕课教学模式存在以下共同特征：

第一，课程设计、组织、应用及评价都是建立在网络环境基础之上的。

第二，课程设计面向大多数学习者，具有大规模性，并且学习目标具有多样性。

第三，课程内容在设计上都包括视频、课程资源、学习社区、师生互动及学习评价等部分。

第四，在交互学习过程中，课程的内容具有开放性及持续创新性。

第五，视频时长通常都保持在 8 ~ 15 分钟之内。

第六，学生在课程选择方面具有较大的自主性。

（四）慕课教学模式的优势

慕课教学模式在我国的兴起必然引发重大教学理念的革新、教学方式的变革，其对于英语教学的影响更为深远。下面结合英语教学的现状对慕课教学模式的优势进行总结。

1. 形成语言使用环境

众所周知，英语是我国的第二外语，因此语言使用环境匮乏，学生在英语课堂上所学到的英语知识不能在现实生活中进行应用，这在很大程度上降低了学生英语学习的成就感，对其日后语言能力的发展也十分不利。慕课的出现能为学生提供良好的英语学习环境，学生可以接触到全英文的语言知识，同时还能和来自世界不同国家的学习者进行讨论，便于其口语能力的提高。

2. 扩大学生知识储备

在我国，大学英语教学主要是通过课堂教学的形式展开的，面对繁重的课业压力与紧张的教学时间，课堂教学所能带给学生的英语知识实在有限。而慕课教学以网络为平台，向学生提供了更为丰富的知识储备，方便学生及时更新自身知识。慕课的在线课程还包含在线论坛与小组讨论，极大地提高了学生的学习兴趣与效率。

3. 提供能力培养平台

我国的大学英语教学虽然进行了革新，但是从总体上看，还是以基本知识教学为主。这种教学形式阻碍了学生将英语教学与专业相结合，无法达到能力培养的目标。在这种教学背景下，很多学生没有意识到英语的重要性，不重视英语的学习，缺乏学习热情。而慕课的出现能够为学生提供最新的专业动向与发展评估，有利于激发学生学习英语的兴趣，促进其专业能力的发展，对于解决英语教学与专业教学相脱节的问题十分有效。

4. 平衡不同学生水平

由于我国幅员辽阔，因此各地的教学水平不同，学生的学习基础也高低不一。在统一的大学英语课堂上，教学者无法进行一对一的针对性教学，只能从宏观上使英语教学向着高一层的层面发展。在这种教育现实下，很多英语学习者跟不上教学进度，或者对于教学水平不满足。慕课通过开放性的网络平台，能够为给学生提供具有针对性的教学，便于缓解教与学之间的矛盾。在线教育的形式不受时空限制，既有利于基础差的学生巩固练习，同时也有利于基础好的学生的能力发展。

（五）慕课教学模式的管理

慕课教学模式具有较高的自由性，这就对教育体制提出了一定的要求。大体上说，为了在知识自由流动的前提下保证知识吸收的有效性，相关教育工作者可通过以下几种途径进行慕课教学模式的管理。

1. 使用第三方评价机构

第三方评价机构指的是以第三方的形式对学习者的学历教育和非学历教育进行评价的组织。这些组织通过对学习者的慕课学习进行评估，能够对其学习能力进行综合评定，从而减少传统教学评估的单一性。

2. 建立学分管理系统

慕课教学模式下的学分可以通过更加多样的形式进行，改变传统教学中硬性的学分评价形式。例如，教师可以通过学习者的学习过程、学习成就等情况，对学生进行客观公正的评价。

二、慕课教学模式的应用

慕课作为新兴的英语教学模式，可以通过如下几个步骤进行科学的应用：

（一）课程设置多样化

对于目前的大学英语教学而言，慕课教学有助于改变传统教学课程设置单一的情况。

第一，从课程设置上来说，虽然各大高等院校都会有英语选修课，但是这些选修课大多都是为了四级和六级考试准备的。

第二，从教材上来说，大多数高等院校所采用的教材主要有上海外语教育出版社出版的《大学英语》及《新世纪大学英语》、外语教学研究出版社出版的《新视野大学英语》等，并没有采用适合学生的专门教材。

第三，从师资上来说，传统的大学英语教学教师资源有限，所讲授的课程大多没有明确的针对性。

将慕课教学模式应用到大学英语选修课程中也是时代发展的趋势。随着时代的发展，大学英语选修课程的指导思想向着分类指导、因材施教的方向发展。而网络时代的发展能够为大学英语选修课程提供不同层面和环节的支持。通过网络教学可以了解学生选修课程的偏好，利用大数据技术便可以作出学生的偏好分析，获得学生的需求数据，从而调整相应课程内容，满足学生的需要。基于此，在信息化时代下采用慕课教学模式可以大大吸引学生的注意力，根据学生自己的需要和兴趣来选择课程，从而提高自身英语学习的效率。

（二）上课方式多样化

虽然大学英语教学的改革在不断推进，上课形式也不再像以前那样单一，但是仍旧主要以教师的教授为主，只是利用多媒体形式而已，即多媒体就是黑板的延伸。但是在信息技术普及的时代下，应用慕课教学要求上课方式多元化，可以是围坐在电脑前，也可以是每人手拿平板电脑。

（三）传统课堂与慕课相结合

之前已经提到，慕课对大学英语教学有很大影响，其中有两点需要引起注意：

一是对于当前的大学生而言，他们自学的水平存在明显的差异，因此要想让学生能够适应这种教学模式也需要很长一段时间。如果将所有学生都放在网上进行教学，那么本身自制力差的学生就很容易放弃英语学习，这也是我们不愿意看到的结果。

二是由于需要对教师进行培训，以及准备与之配套的硬件设施，因此慕课教学还有很长的一段路要走。

总之，当前是一个新旧交替的阶段，因此需要教师扮演至关重要的角色，应从以下几个方面来提升教学效果。

第一，教师要了解学生的自主学习能力，不断培养学生的心理素质，使他们尽快适应信息技术时代下的慕课教学模式。

第二，教师应该充分了解学生的英语基础，保证慕课教学能够被大多数学生接受和理解。

第三，教师应该积极探索能够吸引学生兴趣的慕课课件。

第二节　翻转课堂教学模式

与传统教学模式相比，翻转课堂教学模式是一种扭转与颠覆，具有非常明显的优势。将翻转课堂教学模式应用于大学英语教学过程中，对提高教学效果大有裨益。

一、翻转课堂教学模式概述

（一）翻转课堂教学模式的内涵

所谓翻转课堂，是指学生在课前利用教师给出的音频、视频、电子教材或共享开放网络资源地址等数字化学习材料，自主学习课程内容，然后在课堂上参与由教师组织的同学间的讨论、探究等互动活动，并完成课程学习任务的一种教学模式。

翻转课堂最初是由美国人萨尔曼·可汗（Sal-man Khan）于 2007 年提出的，他利用网络视频进行“翻转课堂”授课，取得了巨大的成功。加拿大《环球邮报》

将“翻转课堂”教学模式评为“2011年影响课堂教学的重大技术变革”。萨尔曼·可汗堪称翻转课堂的开山鼻祖。

翻转课堂（flipped classroom）又称“颠倒课堂”，它的教学过程包括知识传授和知识内化两个阶段。在传统教学模式中，知识的习得主要有三个步骤：讲授—内化—外化。教师通过课堂来传授知识，学生在课后完成作业与实践来实现知识内化。翻转课堂与上述传统教学模式完全不同，教师根据自己的教学计划布置课前预习的内容，学生可以通过“云课程”及其他媒介在课前主动进行学习，教师对学生学习过程中的困难进行启发、排解，师生之间实现平等交流，学生在课后进一步通过实践来深化知识。简言之，由先教后学到先学后教，实现课堂的翻转。

近年来，翻转课堂同样在国内引起了巨大的反响。作为一种基于信息技术的新型教学模式，翻转课堂颠覆了传统教学流程，大力引导学生展开自主学习。作为一种新颖的成功授课模式，翻转课堂为我国英语教学改革提供了有益的借鉴。然而，翻转课堂并不是在线课程，也不是利用视频来代替教师，它只是一种师生之间互动学习的方式，为学生进行自主学习提供了充分的时间与空间，学生在教师总体学习进程的控制下获得了个性化发展。

（二）翻转课堂教学模式的要素

相关学者经过研究后提出，翻转课堂模式的构成要素包括三个方面：课前教学内容的有效传达、课中内化活动的有效进行、课后学习效果的客观评价。

1. 课前教学内容的有效传达

在翻转课堂中，课前教学内容的有效传达是教学的基础。当前，我国翻转课堂在传达教学内容时采用的是视频及纸质学习材料两种。教学视频被认为是目前翻转课堂课前教学的基本方式。对于教学视频的来源，教师可以尝试以下两种途径：

（1）制作视频。

对于翻转课堂中所使用的视频，教师可使用录屏录音软件、电脑、手写板、麦克风等设备进行制作，并遵循以下步骤：

第一步：教师可以使用录屏软件来捕捉电脑屏幕上幻灯片演示和电脑操作轨迹。

第二步：利用麦克风来录制讲述的音效。

第三步：利用手写板实现平常书本上的书写效果。

第四步：利用音频编辑软件加工录制的声音。

除此之外，教师还需要关注视频的画面质量。

需要特别说明的是，教师制作的视频应短小精悍。当前高校学生的生活是快节奏的，视频只有短、快才会受到欢迎。如果视频太长或内容太过复杂，往往会引起学生的反感。

（2）使用现成的教学视频。

使用现成的教学视频是教师的最佳选择，主要基于以下两个方面的考虑：

第一，教师在面对视频录制仪器时可能会产生紧张的心理，这会严重影响教学的进程与效果。因为视频录制通常是教师面对机器自言自语，这与传统授课形式带来的心理感受完全不同。

第二，教师的教学任务十分繁重，没有时间和精力来制作视频。

因此，如果可以在网上找到该门课程的高质量教学视频，那么教师就可以节省很多精力。当前，网络上关于教学的视频多种多样，教师可以自己下载或安排学生进行搜索下载并在教学中使用。

2. 课中内化活动的有效进行

教师在翻转课堂的组织过程中要注意以下几个方面：

（1）对于英语教学，英语导读类课程比较适合翻转课堂，这类课程可以通过计算机网络中心展开。学生在课下学习教师安排的知识内容，课上教师对重难点进行解释，随后可以通过计算机网络中心实现在线测试。学生在完成测试后可以及时获取网络学习资源与背景知识，同时与自己的测试结果进行对比，从而巩固所学的知识点。

（2）英语课程包括语言、文化两方面因素，教师在安排学生学习时，要按照从初级认知的识记理解到高级认知的综合应用这样一个逐步递增的过程进行。教师在安排学生学习语言知识、文化现象的同时，还需要组织与此相配合的学习活动，让学生在已有知识的基础上加深对不同文化知识的理解。

（3）个体学习与合作学习相结合。个体学习有助于学生充分完成识记、领会等教学目标。

3. 课后学习效果的客观评价

在翻转课堂教学模式中同样需要重视对学生学习结果的评价。对于翻转课堂中所采用的个性化学习测评，主要依靠教师在平常与学生接触的过程中所形成的评价。教师需要依靠自己的教学经验来判断学生对知识的掌握程度。这种即时测评的优点有利于纠正学生对知识的误解，并根据学生的认知差异为学生提出合理性的学习指导。

由于翻转课堂兴起的时间尚短，其评价方式还没有形成一定的系统与规范。因此，翻转课堂的学习评价主要是要求教师与学生保持及时的沟通与交流，根据学生的个性特点进行引导。另外，教师还需要为学生提供多种渠道来展示学习成果，从而让学生建立起足够的自信心与成就感，促进他们更有动力地去学习。

（三）翻转课堂教学模式的优势

在传统课堂上，教师为了帮助学生习得知识，必须密切注意课堂纪律与学生的注意力。因为一旦学生被某些事情影响而分心，就会影响他们的学习进度。但是在翻转课堂教学模式下，这种问题便不再存在。概括来说，翻转课堂教学模式的优势主要体现在以下几个方面：

1. 扭转传统学习观念

翻转课堂教学模式对传统学习观念与态度的扭转主要体现在如下几个方面：

（1）有助于合理安排学习时间。翻转课堂的教学模式十分利于学生学习，能够机动灵活地让学生自主安排学习时间。

（2）传统课堂中讲授、练习的环节在翻转课堂教学模式中成为教师与学生互动探讨知识内容的环节，这种学习方式增加了学生的责任感、意志力，可以有效提高学生独立思考、解决问题的能力。

（3）翻转课堂教学模式中的学习内容通常会根据学生的兴趣、需要来定位。

（4）学生在总体学习目标的指导下根据教师提供的学习材料、自主完成知识建构，提升自身的知识水平。

（5）有助于差生的反复学习。在传统课堂上，教师关注的往往是成绩优秀的学生。他们可以跟上教师讲课的步伐，积极主动地举手回答教师的问题。然而，除了这些优秀的学生外，其他差生则往往是被动听课，有的完全跟不上教师讲课的进度。但是，翻转课堂教学模式可以有效解决这种不良局面。在翻转课堂教学模式中，学生最兴奋的事情就是可以随时暂停、重放视频，直到自己看懂、理解为止。另外，翻转课堂教学模式大大释放了教师的时间，从而令教师有更多的精力来帮助成绩不好的学生。

2. 提升学生的主动意识

翻转课堂教学模式强化了师生、生生之间的学习互动，让学生的主观能动性得到了最大限度的发挥，将学习的主动权还给了学生。虽然传统课堂中也有教师辅助指导学生的环节，但由于传统教学理念的限制，这些教学上的改变只是形式上的改变，教学活动仍然是以教师的讲授为主，学生完全没有主体地位。

在当前的时代背景下，网络、计算机技术的飞速发展颠覆了传统课堂的教学方式，从而使翻转课堂教学模式获得了名正言顺的教学地位。在翻转课堂教学模式中，学生根据教师提供的资源首先进行自主学习，有效体现了学生的主体地位，然后在课堂上与教师展开学习方面的探讨，进一步深化与掌握知识内容。

3. 淡化学生对教师的依赖性

翻转课堂教学模式中把知识的习得放在了最前面，学生自主性大大提高，有效淡化了学生对教师的依赖性。学生在自主学习时不得不将获取帮助的想法转向其他同学。经过一段时间后，学生便会习惯于主动接受学习知识，与其他同学交流、探讨的意识与能力也会增强。这样不仅可以提升学生的知识水平，而且提高了他们人际交往、组织协调、团队合作等方面的能力。翻转课堂教学模式淡化了学生对教师的依赖性这一优势的典型体现如下：

（1）有助于学生开展个性化学习。

众所周知，高校中的学生来自全国各地，他们自身的素质参差不齐，学习能力、兴趣爱好也各不相同。虽然教育者很早就意识到这一问题，但传统教学却很难真正实现分层教学。翻转课堂教学模式则可以真正实现分层教学，根据学生的能力、兴趣展开针对性的教学，使每个学生都能够按照自己的进度进行学习。

（2）有助于课堂上师生的积极互动。

与传统课堂相比，翻转课堂教学模式完全改变了师生相处的模式，教师与学生能够实现一对一的交流。如果有多数学生对某一知识点产生疑问，教师可以将这些学生集中在一起给予特别辅导。另外，学生在翻转课堂教学模式下的互动也大大增加了，他们不再将教师作为唯一的知识来源，学生彼此之间同样可以进行互助学习。

二、翻转课堂教学模式的应用

目前，翻转课堂教学模式越来越普及，包括中国在内的很多国家已经开始进行翻转课堂教学模式的实践行为。然而，由于翻转课堂还未形成系统全面的教学模式，很多地区的翻转课堂教学模式在施行方面只是提出了大致的操作策略，并且不同的学科在实践操作上也存在着很大区别。相关学者经过研究后，提出了翻转课堂教学模式应用的基本流程。

（一）课前安排

课前安排方面，教师要为学生准备充分的学习资料，如英语参考书籍、电子教材、微视频教程、国内外相关英语专题的网址等。下面以微视频的设计为例进行说明。

微视频是目前翻转课堂常用的学习资源，它具有很强的针对性，是课前学习的核心内容。教师可以根据每堂课的课堂学习目标准备两三个微视频，一个微视频仅介绍一个知识点就足够了，如果内容太多则会影响学生的学习效果。对于微视频的设计，教师需要注意以下方面：

第一，学生在课前学习过程中可以利用网络软件与其他同学展开积极的沟通与交流，排除自己学习过程中的疑问与难题，促进彼此学习成绩的共同提高。

第二，英语教学视频的互动性、视觉效果、时间长度等对学生的知识习得具有很大影响，教师在微视频中要合理设计学习内容与课前练习的数量、难度等，以帮助学生在已有知识的基础上向新知识过渡。

第三，在设计微视频时，教师还需要顾及学生的适应性能力，学生在刚接触视频学习时往往很难集中注意力进行听讲，只是专注于笔记。为了改善这种局面，教师可以为学生提供视频的副本，解除学生的后顾之忧，引导学生关注当期视频中的学习内容。

第四，在制作微视频时，教师不仅要重视整体上的视觉效果，更要突出学习的主题、要点，根据知识结构来设计互动活动，为学生建构形式新颖、内容丰富的学习平台，令学生对微视频的学习产生极大的兴趣。

第五，微视频制作完成后，教师可以将视频上传到学校的网络上，方便学生随时下载学习。

第六，学生学完微视频中的内容后，要对自己的学习进行总结，将疑问反馈给小组长，然后由各组的小组长汇总给教师。这种方式有利于学生的个性化学习，学生可以根据自己的情况选择学习资源与时间。

（二）课堂教学

翻转课堂教学模式的教学过程大致可分为五个步骤：合作探究、个性化指导、巩固练习、反馈评价和课程总结。下面进行详细介绍。

1. 合作探究

首先，教师将学生进行合理分组。合作探究学习从本质上来看就是小组学习的一种有效形式，所以教师需要先将学生进行分组。在合理探究学习的过程中，小组各成员之间的搭配与结构是至关重要的，这要求教师在合理分组时注意每位学生的知识基础、能力高低、性格特点等，在此基础上才能实现合理分组。合理分组的目的在于均衡小组成员自身的各项特点，从而有利于他们开展良性的合作与竞争。

由于小组内各位成员自身的知识水平相同，教师在划分小组成员时应该按照“组间同质、组内异质”的原则进行，如此一来，学习成绩较好的学生就可以帮助和指导学习成绩较差的学生，他们在共同任务的要求下会通过相互合作来完成，这样还可以大大提升一些参与教学活动热情不高的学生的参与热情。在小组内部，各位成员都有自己的位置，在不同的任务阶段发挥不同的作用，从而顺利解决问题和完成教师安排的学习任务。每位成员在任务面前都不能偷懒，必须积极思考和参与，合理分工，明确自己的阶段任务。

其次，策划和提出学习过程中的问题。在开展合作探究的学习过程中，教师为学生安排的学习内容要具有可操作性，教师为学生安排的讨论问题同样也需要具有开放性。在课前，教师需要以学习的具体任务为前提，为小组内每位成员都安排相应的学习任务，同时为他们规定完成这次任务的时间。需要明确的一点是，教师的学习任务不能太笼统，这样小组各成员在完成任务时就有可能出现出力较多的成员及完全不出力的成员，如此不仅没有实现学习任务的最终目的，而且也不利于小组成员合作精神的培养。在合作探究学习的过程中，教师作为引导者，应该为学生制订和安排具有一定难度系数的任务，这样可以最大限度地调动他们学习的兴趣与积极性。教师还可以为不同的小组布置不同的任务，促进各小组之间相互学习、共同提高。

最后，学习任务的合作应用与过程控制。在小组各成员开展合作探究学习时，教师无须在一开始就让他们共同完成任务。事实上，在任务刚开始时，教师应该让小组各成员根据任务的要求开展讨论与研究，让他们进行独立思考，这有助于他们形成独立的思维能力，之后小组各成员之间开始就自己思考的结果展开交流，在讨论中发表自己的观点，最终就所有的观点与看法经过汇总后达成一个每位成员都满意的结果。小组中还可以通过民主的方式选举一个发言人，然后将小组讨论的最终结果反馈给教师。

2. 个性化指导

所谓个性化指导，是指教师为小组成员解答问题。在小组成员合作探究学习的过程中难免会遇到各种各样的问题，教师可以针对小组所遇到的这些问题展开具体化、个性化的指导，帮助他们排除学习进程中的障碍。当然，如果各小组遇到的一些问题具有普遍性，那么教师则可以集中予以回答。

3. 巩固练习

简单来说，巩固性练习就是在教师为学生进行个性化指导之后，各小组成员对学习任务的结果进行总结和归纳，然后通过一定的练习来加深印象，对学习进程中的重点、难点及时进行巩固。在这一阶段，教师可以适度安排小组之间开展知识方面的交流，从而有助于他们将学习成果及经验进行共享。

4. 反馈评价

对小组合作探究学习后的结果进行评价，教师不仅要评价学生的学习过程及结果，还要对小组之间、小组内部各成员的表现进行评价。在评价过程中，教师要重视小组任务的整体完成情况，不能仅仅关注某些成绩较好学生的表现。另外，教师还需要重视小组中每位成员参与任务完成过程的积极性、主动性，对一些具有独创思维的成员给予合理的、恰当的评价，不仅可以让小组其他成员向表现优异的成员学习，而且可以激发组内成员相互学习、共同进步的热情。此外，可以为小组成员树立榜样，还可以减少少数学生所具有的依赖性，有利于合作探究学习的顺利完成。

5. 课程总结

在这一阶段，教师安排各个小组之间展开交流，彼此沟通学习进程中的信息，同时对这些小组成员的具体表现给予合理评价。这一阶段教师需要注意的方面是，尽量给予学生积极向上的评价和鼓励，不要打击、批评他们，从而确保每个小组都能圆满完成学习任务。

综上所述，英语翻转课堂教学模式不仅要强化课前预习的效果，更要注重课堂学习的效率。对英语翻转课堂教学模式而言，技术工具、信息资源是学生展开学习的基础所在。当前信息技术环境下，各种教学资源、软件等已经十分普及，教师需要广泛收集这些学习资源。对于教师而言，其重要任务是通过课堂活动设计来完成学生知识的内化，这同样也是翻转课堂教学模式的目的所在。对此，教师在设计课堂任务时应充分利用情景、写作、会话等要素，引导学生体验知识，实现知识的内化。另外，教师还需要引导学生利用网络大环境展开主动、自主的学习、社交及对未来职业的规划。翻转课堂能否真正实现学生的个性化学习，在很大程度上受制于教师能否引导学生合理制订学习计划、使用学习工具。

第三节 微课教学模式

微课教学模式的形成并非偶然，而是经过了时代孕育的过程，而且已经成为互联网 + 视域下大学英语的新兴教学模式之一。

一、微课教学模式概述

（一）微课教学模式的内涵

从字面上来看，“微课”可以从以下三个层面加以阐释。

首先，从“课”这一层面来看，微课是“课”的一种，是一种课式，微课是一种短小的教学活动。

其次，从“课程”这一层面来看，微课是有计划、有目标、有内容、有资源的。

最后，从“教学资源”这一层面来看，微课具有丰富的教学资源，如数字化学习资源包、在线教学视频等。

但是，对其内涵进行挖掘，可以发现微课是一种具有单一目标、短小内容、良好结构、以微视频为载体的教学模式。微课的最初理念是通过正式或者非正式的学习方式，不断对短小、主题集中、与实践紧密结合的专业知识进行学习，从而提高学习效果，促进知识的内化。

在这一理念基础上，我国学者对微课教学模式展开了重点研究，很多学者提出了自己独到的见解。

胡铁生、黄明燕、李民认为，“微课又可以称为‘微型课程’，是建立在学科知识点的基础上，构建和生成的新型网络课程资源。微课以‘微视频’作为核心，包含很多与教学配套的扩展性或支持性资源，如‘微练习’‘微教案’‘微反思’‘微课件’等，从而形成了一个网页化、半结构化、情境化、开放性的交互教学应用环境和资源动态生成环境”。

焦建利认为，“微课是以某一知识点为目标，其表现形式是短小精悍的在线视频，主要应用于教学和学习的一种在线教学视频”。

黎加厚认为，“微课是时间在十分钟内，教学目标明确、内容短小，能够对某一问题集中说明的微小课程。”

上述这些学者的概念各具针对性，并在一定程度上反映了微课教学模式的基本特征，虽然具体内容存在某些差异，但是其理念和核心基本一致。涉及综合性问题，本书更倾向于胡铁生的定义，即微课教学模式从本质上来说是一种对教与学进行支持的新型课程资源。

（二）微课教学模式的要素

概括来说，微课教学模式的结构主要涉及四大要素：目标、交互和多媒体、内容、活动。

1. 目标

目标是指教师预期微课教学模式的适用教学阶段，以及期望教学所要达成的结果。因此，大学英语微课教学模式主要包含两层含义：

（1）应用目的，即设计开发微课教学模式的原因。这与微课教学模式是在课前、课中还是课后运用有关，如为学生的课后练习提供指导而制作的相关练习讲解的微课。

（2）应用效果，即教师在使用微课教学模式后期望学生能够解决的具体问题，如掌握某一题目的解题技巧、引发学生思考等。

一般来说，微课教学模式的目标是具体的、明确的、单一的，其对于微课内容和应用模式的选择起着重要的指导作用。

2. 交互和多媒体

要想完成微课教学中教的活动，教师必须借助某些特定工具来保证学生能够正确理解微课内容的意义，从而实现学生与微课的相互交流。在微课教学模式中，这种工具主要包含以下两种：

（1）交互工具。

学生进行微课学习，能够促进学生与微课间进行操作交互和信息交互，其交互的类型与形式如表 4-1 所示。

表4-1　微课教学的交互类型与形式

类型	形式	直接交互对象
概念交互	引发认识冲突的言语	学生与多媒体信息
	引发认识冲突的画面	
	具有提问性质的言语	

续 表

类型	形式	直接交互对象
信息交互	叙述性的言语	学生与多媒体信息
	叙述性的画面	
操作交互	人与机器间的交互工具	学生与交互界面

（2）信息呈现工具——多媒体。

多媒体能够更好地帮助教师对教学内容进行表达和解释，提高学生在进行微课学习时与学习资源间交互的有效性，如微课中课件、动画、图形、图像等的呈现。

3. 内容

内容是指为微课教学模式预期服务的，与特定学科相关的、有目的的、有意义传递的信息与素材。也就是说，大学英语微课教学模式的内容是教师实现预期目标的信息载体。根据微课的目标，并结合学生的学习情况及准备应用的教学阶段等教学实际来设计微课教学模式的内容。微课内容不同，教师对教学活动的设计也不一样。但是，由于微课的时间很短，内容上往往具有主题明确、短小、精悍、独立的特色，因此需要教师对微课内容进行精心选取。

4. 活动

活动是主体与环境相互作用的过程，其中环境涉及主体本身、其他主体及客体。这里所说的“教的活动”是指教师这一活动主体与特定微课内容这一客体之间的相互作用过程，通过这种相互作用，学习微课的学生将教学信息有效传递出来，以帮助学生对课程内容进行理解与思考。教的活动是实现微课目标的一种有效方法。从方法上来说，教的活动可以分为教师的演示、讲授、操作及其与其他主体间的互动等活动类型。

总之，微课教学中这四大因素是相互影响、相互关联的。通过对这几大要素的设计，教师有助于构建一个具有结构化程度的数字化课程资源。

（三）微课教学模式的优势

作为一种新生事物，微课教学模式在大学英语教学中的优势非常明显，主要体现在以下几个方面：

1. 主题鲜明，内容具体

微课课程的开展是建立在某一主题上的，其研究和探讨的问题主要来自具体的、真实的教学实践。例如，教学实践中的关于教学策略、学习策略、重点难点、教学反思等问题。

2. 反馈及时，针对性强

微课教学内容少、教学时间短，因为可以在短时间内集中开展“无生上课”活动，因此教师和学生都可以迅速获取反馈信息。此外，每一位学生都可以参与课前组织预演，相互学习，共同进步，这在一定程度上有助于减轻教师的压力，保证英语教学活动顺利开展。

3. 成果简化，多样传播

由于微课教学内容主题鲜明、内容具体，因此其成果易于转化和传播。同时，微课教学时间短、容量小，因此其传播方式也是多种多样的，如网上视频传播、微博讨论传播等。

4. 资源构成情境化

大学英语微课教学的内容通常具有鲜明的主题，且指向完整、明确。教学视频片段是微课的主线，并以此对教学设计及其他教学资源进行统整，从而构筑成一个类型多样、主题凸显、结构紧凑的“主题单元资源包”，也创造出一个真实的教学资源环境。这就使微课资源具有了视频教学案例的特点。这样真实、具体的情境不仅有助于学生提升自己的思维能力，还有助于提升教师的教学技能和学生的学业水平。

5. 资源容量小

通常情况下，微课教学模式中的教学视频及配套资料的容量约为几十兆，容量一般比较小。视频格式多为支持网络在线播放的流媒体格式。在大学英语教学中，微课这一模式有助于教师与学生间流畅地展开交流。

6. 教学内容少

微课教学模式主要是对课堂教学中某一知识点的凸显，或者是对教学中某一环节、某一主题活动的反映。与传统教学内容相比，大学英语微课教学内容精简，更符合教师的需要。

7. 教学时间短

一般来说，大学英语微课教学视频时长为3~8分钟，最长也不应超过10分钟。相比之下，传统课堂教学时间长，一般为40~45分钟。因此，微课常常被称为“微课例”或“课堂片段”。也就是说，微课教学时间短。在当前的大学英语教学中，使用微课教学模式展开教学有助于集中学生的注意力，并将这些注意力集中在教学的黄金时段。

二、微课教学模式的应用

就当前的教学实践来说，将微课教学模式应用于大学英语教学活动中时，可从以下几个方面入手：

（一）加强微课资源的开发与共享

当前的大学英语教学中仍旧存在着教学资源不均衡的情况。而微课的出现，使得优质的教学资源通过网络传送到全国的高校中，从而实现资源共享。

（二）提升微课视频的录制技术

微课录制技术更追求质量，而且要尽可能的简单，使教师乐于录课，并能够快速提升自己的微课录制技术。另外，微课的研究人员需要在网络多媒体技术上进行改进和发展，追求卓越，尽可能使微课教学模式推广开来。

（三）构建微课学习平台

微课教学模式主要建立在视频这一载体上，同时还需要一些辅助模块，如微练习或互动答疑等，这些对于提高学生的学习兴趣、培养教师的信息化应用能力十分有益。其中，一个创新的方法是微慕课平台，即使微课教学模式展现出慕课模式的系统性和专业性。这一平台有一定的知识含量，且具有结构灵活、系统性强、制作成本低等优点。

第五章　互联网＋视域下大学英语基础知识教学的创新

随着大学英语教学要求和内容的更新，教学方式也需要进行更新。互联网不但为大学英语教学提供了更广阔的空间，拓宽了词汇教学和语法教学的途径，而且可以进一步调动学生学习词汇和语法的兴趣与积极性，保证词汇和语法学习的质量，提高英语语言能力。本章基于互联网的大学英语词汇和语法教学进行探讨。

第一节　互联网＋视域下大学英语词汇教学

词汇是语言的基本要素之一，是语言系统得以存在的支柱，所以词汇教学是英语教学的一个中心环节。随着科技的发展及其在英语教学中的广泛应用，互联网对大学英语词汇教学的影响日趋明显，且教学效果得到了明显改善。本节重点研究互联网环境下的大学英语词汇教学。

一、大学英语词汇教学简述

（一）大学英语词汇教学的重要性

词汇是语言“大厦”的基础，在英语教学中发挥着重要作用。脱离了词汇，语言就会空洞无物，没有足够的词汇，语言表达就难以被他人理解。英语词汇的总量非常庞大，且随着社会、科技的发展，词汇总量也逐渐增加，所以对英语学习者来说，扩大词汇量，学习词汇是一个非常有效的方法。

词汇在整个语言教学体系中发挥着重要作用。如果学生在学习英语时，所掌握的词汇量不足，那么将会制约其听、说、读、写等能力的提高。假如结构是语言体系的基本框架，那么词汇则是语言体系框架中的器官及血肉，如果没有词汇这一基础语言体系就无法传达所要表达的意思。可以说，没有词汇，就没有语言的存在，人类的交际就无法顺利完成。因为词汇构成句子，进而产生人与人之间的交际。人们在交际过程中的每一句话都是由词汇构成的，所以只有具备足够多的词汇量，才能听懂他人的表述，也才能充分表达自己要表达的思想。

通过对人类语言产生过程的分析，我们可以发现词汇在语言产生初期对交际有着很大的影响。随着交际形式和内容的逐渐复杂，语法的作用也越来越突出。根据儿童习得母语词汇的特点，能够发现婴儿学习目的的第一步就是理解和使用词语，当婴儿听到妈妈说 smile 时，他们就会笑。刚学习说话的婴儿，能说的都是单音节词语。可见，英语语言应用能力的提升是以对词语的积累、理解和运用为基础的。因此，英语词汇教学对学习者掌握外语有着重要意义。

（二）大学英语词汇教学存在的问题

当前的英语词汇教学主要有下面几个问题：

第一，初次教授英语单词时忽视了语音问题，特别是重音，学生没有掌握英语单词的发音，甚至会用汉语拼写标注，因为英语单词的语音与汉语拼写有一定的相关度，但是长此以往，将会给英语听辨和理解带来困难。

第二，教师过分依赖母语，一旦发现学生理解不了的单词，他们就会用汉语解释，使学生对教师的讲解产生依赖。

第三，脱离语境，单独学习单词，专项记忆词汇。教师没有提供一定的语言情境，也没有联系上下文的语境，长期下去，学生的词汇水平得不到显著提升，也无法将被动的词汇转换成积极词汇。

第四，学生过分依赖教师，无法利用词典、课外读物等辅助工具进行自主学习。

第五，由于缺乏与词汇学习对应的课外阅读材料和笔头作文训练，所以学生所学的词汇复现率极低，遗忘的速度也快，学习效果不佳。

（三）大学英语词汇教学的内容

作为语言最小的意义单位，词汇在人际交流中发挥着重要作用，而且人的思维活动与思想交流首先也是靠词汇进行的。通常，英语词汇教学涉及如下内容：

1. 词义

随着社会的不断变化和发展，词义也处于不断变化之中。有的词汇在不同时期会有不同的词义。所以，在英语词汇教学中，教师应该先让学生知道所学单词的意思。但是，语境往往会制约和影响一个单词的意义，所以教师就要根据单词的特点，结合具体语境采用合适的教学方法，使学生了解单词及词义的演变，明白词义是随着时间和社会的发展而不断变化的。一般而言，词义的演变体现在如下几个方面：

（1）词义的扩大。

词义的扩大也称“词义的一般化”。只要是词义从特定的意义扩大为普遍的意义，或是从指“种”的概念扩大成指“类”的概念，结果新义大于旧义，这种演变均可以称为“词义的扩大”。例如，lady 一词在过去仅用于指“女主人”。后来，随着社会的发展，该词的词义也得到了扩大，开始指贵族太太，后来指有教养的妇女。如今，lady 可以指所有“女人”，是一种礼貌用语。当提及老妇人时，可以用 old lady 或 elderly lady。当面对一群女士时，可以用 ladies，不能用 women。今天，lady 基本成了 woman 的同义词。

例如，cleaning lady（清扫女工），a lady novelist（女小说家）等。

词义的扩大一般可以分为四种：从特指到泛指、从具体到抽象、从术语到一般词语、从专有名词到普通名词。

从特指到泛指：例如：bird 从“幼鸟”到“鸟”；bam 从“储存大麦的地方”到“谷仓”；cookbook 从“烹调书”到“详尽的说明书”；picture 从“彩色图片”到“图片”。

从具体到抽象：例如，arrive 从“靠岸”到“到达”；bend 从“上弓弦”到“弯曲”；pain 从“罚款”到“惩罚”再到“痛苦”。

从术语到一般词语 :complex 在心理学上专指“复合”“情节”，现在指任何的变态心理。

从专有名词到普通名词：ampere（安培），farad（法拉），ohm（欧姆），newton（牛顿），joule（焦耳）等过去都是科学家的名字，现在可以当作各种物理学单位。

（2）词义的缩小。

词义的缩写也称“词义的特殊化”。只要是词义从普通的意义缩小成特定的意义，结果新义从指“类”的概念缩小成指“种”的概念，均可叫作“词义的缩小”。

词义的缩小一般可以分为五类：

从泛指到特指。例如：

pill 从“药片”到“避孕药片”；

liquor 从“各种饮料”到“酒”；

life 用在“He got life.”中表示“无期徒刑”。

从抽象到具体。例如：

room 从“空间”“地方”到“房间”；

probe 从“调查”“检验”到“宇宙探测器”；

side 从“旁边，侧面”到“肋部”。

从普通名词到专有名词。例如：

city 原指“城市”，用在 the City 中专指“伦敦的商业区”；

cape 原指“海角”，用在 the Cape 中专指“好望角”。

从一般词语到术语。例如：

memory 从“记忆”到“存储器”；

recovery 从“恢复”到“(航天器的)回收”；

soft 从“柔软的”到“(市场)疲软的”“(酸、碱)易极化的”“浊音的”。

外来语的词义缩小：拉丁语 liquor 的意思是“液体”，但在英语中常指“烈酒”，其语法变体 liqueur 在英语中的词义缩小为一种“甜酒”。

(3)词义的升格。

词义的升格即词义朝着褒义的方向发展的过程。例如，inn 的原义是“小客栈”，特指设备简陋的农村或者公路旁边的小旅店，但如今的一些大旅馆也用 inn 为名称，如 Holiday Inn（假日旅店）。

(4)词义的降格。

词义的降格即词义朝着贬义的方向演变的过程。例如，silly 在古英语中的意思是“幸福的、神圣的”；在中古英语中演变成“无害的，天真的”意思，是用于形容智力不发达的人的委婉语；在现代英语中则表示“傻的，愚蠢的”。

2. 词汇信息

词汇信息主要涉及词的分类、构词法及单词的拼写、发音等。下面重点对词的分类和构词法进行研究。

(1)词的分类。

词类也称“词性”。根据词义、句法功能和形式特点及在句子中的作用，可以将英语单词分为十类。英语单词的分类如表 5-1 所示。

表5-1　英语单词分类

序号	词类	英文	缩写	功能	例词
1	名词	Noun	*n.*	表示人、事物或地点的名称	car, desk, pig

续 表

序号	词类	英文	缩写	功能	例词
2	动词	Verb	*V,*	表示动作或状态	is，work, run
3	形容词	Adjective	*a., adj.*	表示人或事物的性质或特征	dry, big, beautiful
4	副词	Adverb	*adv.*	表示动作特征或形状特征	very，hard usually，quickly
5	数词	Numeral	*num.*	表示数目多少或顺序的词，包括基数词和序数词	one,two, first, third
6	代词	Pronoun	*pron.*	代替名词和数词等	I，you，he，this
7	冠词	Article	*art.*	用在名词前帮助说明名词指代的人或事物	a，an，the
8	介词	Preposition	*prep.*	用在名词、代词前说明与别的词的关系	in, of, before, for，to, under
9	连词	Conjunction	*conj.*	用来连接词与词、短语与短语或句与句	and，but，or, when
10	感叹词	Interjection	*interj·*	表示说话时的感情或口气	oh，well

（2）构词法。

英语构词法有三种：合成法、派生法和转化法。合成词即将两个或两个以上的单词合在一起构成的新词。派生即在词根上加前缀或后缀构成的另一个与原义稍有变化或完全相反的词。派生词的构成主要有前缀和后缀两种形式。一般前缀只改变词义，不改变词性。

表示否定的前缀：un–，dis–，，ir–，mis–，non–。

表示其他意义的前缀：re–，a–，tele–，en–，inter–。

后缀一般改变词性，构成意思相近的其他词性的词；少数后缀也会改变词义。

形容词性后缀 :–al，–able，–an/–ian，–em，–ful，–less，–ic/–ical，–ese，–ly，–y，–ous，–ish，–en，–ive。

名词性后缀：–ment，–ness，–tion，–er，–or，–ist，–ess，–ful，–th。

动词性后缀 :–fy，–en。

副词后缀：-ly，-ward。

数词后缀：-teen，-ty，-th。

英语中将一种词性用作另一种词性的方式称作“词性的转化”。常见的词性转化有三种：动词转化成名词、名词转化成动词和形容词转化成动词。例如：

We stopped there for a swim.（动词转化成名词）

我们在那儿停下来游了一会儿泳。

Women have an equal say in everything.（动词转化成名词）

妇女在各个方面都有同等的发言权。

It can seat 1，000 people.（名词转化成动词）

它能容纳 1000 人。

If so, we shall be badly fooled.（名词转化成动词）

如果这样我们就会上大当。

They flowered well but bore little fruit.（名词转化成动词）

它们花开得很好，但结果不多。

The train slowed down to half its speed.（形容词转化成动词）

火车速度减慢了一半。

His hair is beginning to grey.（形容词转化成动词）

他的头发开始变得花白。

3. 词汇用法

词汇的用法主要涉及词汇的搭配、短语、习语、风格和语域。因为语境不同，所以单词使用也不同。另外，英语单词还存在一词多义的情况。

搭配主要有词汇搭配和语法搭配。词汇搭配是实词与实词的结合。语法搭配是实词与虚词的结合。

英语习语和自由短语词组有所不同。自由短语词组可以根据各个部分的字面意义判断其意思。英语习语具有两个特点：一个是语义的统一性，另一个是结构的固定性。习语属于一个固定词组，在语义上是不可分割的统一体，其整体意义通常无法根据组成习语的各个词义判断出来。从结构上看，习语还有自身的完整性，其各部分都是固定的，不可以随意拆开或者替换。由于习语是经过长时间历史考验，千锤百炼形成的，所以不可以随意变动。

各种语言不管造出了多少新词或从其他语言借来多少词，词汇总量总是有一个限集，所以绝对实现不了一个单词只有一个义项，而是会引申出其他意思。词义不断变化的过程就是出现一词多义现象的过程。

4. 词法

各类词的不同用法就是词法。例如，不可数名词之前不能出现不定冠词或者数词，不同介词的不同搭配方法及同一个介词与不同词汇连接，其连接词因为语境或者语法原因，形式变化也不同。在英语词汇教学中，教师应该在指导学生了解英语构词规律的基础上，熟悉英语词法的基本理论，引导其在感性记忆词汇的同时加强理性认识。

5. 词汇运用

词汇运用是英语词汇教学的最终目的，是对学生词汇量与词汇能力的一种检验。大体上说，词汇运用涉及如下内容：

（1）辨别词的正误、理解词义，理解词的功能情境变化，运用词汇造句、写短文的能力。

（2）词汇的猜测能力。

（3）词汇提取的速度与准确性。

6. 词汇学习策略

培养学生的学习能力，使其掌握学习技巧，帮助其培养和养成终身学习的本领与习惯，是英语词汇教学的目标。因此，在英语词汇教学中，教师应重点培养学生记忆词汇的技巧与词汇学习的策略。

根据词汇学习的特点，词汇策略具体可以分为调控策略、资源策略、认知策略、记忆策略和活动策略。

调控策略是元认知策略的一种，即对整个词汇学习进行计划、实施、反思、评价、调整及资源的使用和监控等。

资源策略即通过接触新词帮助学生增加词汇量的技巧与方法。

认知策略即为了完成某项学习任务而采取的行为与方法。

记忆策略即帮助人们记忆单词的策略。

活动策略即通过课堂上组织的真实的或者模拟的语境运用词汇。

（四）大学英语词汇教学的原则

1. 系统原则

系统原则具体有两层含义。首先，教师应意识到词汇教学应贯穿于整个英语教学的始终并随着学生认知水平的提高，不断加大词汇教学的力度和难度。其次，教师还要意识到词汇是语言中的一个庞大的系统，词汇与语言的其他组成部分之间、词汇内部的组成部分之间存在必然的联系，这种联系必然会对英语词汇教学产生一定的积极或消极影响。

2. 遵循记忆规律原则

著名心理学家艾宾浩斯画的遗忘曲线可以得出这样一个遗忘规律：先快后慢，先多后少。教师要根据学生记忆词汇的心理特征与规律，加强词汇的复习与巩固。具体来说，教师应意识到遗忘的规律，及时组织学生复习所学词汇，并按照一定周期对词汇进行巩固。例如，一堂课上学习的新单词应该在当堂巩固，在下一堂课要及时复习，然后在三天、一周、一个月后开展周期性的、有计划的复习巩固。词汇的巩固可以是与课文结合的分散复习，也可以结合词汇的音、形、义的结构特征进行归类记忆。此外，还可以在运用过程中对单词进行记忆和巩固。

3. 情境性原则

遵循情境性原则即要在具体的情境中教授英语词汇。这里的“具体情境”包括实际生活情境、模拟交际情境、表演情境、直观教具情境、想象情境等。在具体情境中教授词汇，既可以帮助学生理解词汇，又利于学生在交际中恰当地使用词汇，从而体现英语教学的交际方向性。

4. 实践性原则

英语词汇教学还应遵循实践性原则。这里的“实践性”强调精讲多练，以学生为主体，改变以往的以教师为中心的“满堂灌”的教学现象。在英语词汇教学中，教师不可一味地机械练习，避免教师一个人讲的情况，课上不断调动学生的参与热情。词汇教学与练习还要强调交际，借助交际活动，培养学生的自主学习能力，根据上下文，结合新旧概念、构词法、工具书等进行自学。由于语感的培养是英语学习的关键，而大量的听、说、读、写则是培养语感的重要基础，所以教师应要求学生多阅读，提高阅读能力。

5. 文化性原则

英语词汇教学不应仅停留在词汇上，还应考虑文化的问题。由于学习一门语言也就是要熟悉一种文化，语言和文化相互影响、密切相关，所以词汇教学必然要涉及文化。英语词汇包含丰富的文化内涵，词义问题也常常是文化问题，教师应尽可能说明和解释词汇的文化因素或者特征，进行英汉词汇的跨文化对比，帮助学生更好地理解词义。

6. 交际原则

语言是交际的工具，学习语言的目的也是交际，所以要将学生置于真实的交际环境中学习使用语言，并且在使用中掌握语言。在英语词汇教学中，教师也要遵循这一原则，教师在讲解词义、词的使用特点等时要考虑语言的交际功能。

7. 情感原则

在英语词汇教学中，教师要充分调动学生的学习兴趣，培养其积极的学习态度和动机，帮助其克服学习中的焦虑，这是提高学习效率的关键。

8. 音、形、义相结合原则

对单词而言，其音、形、义之间是相互影响、彼此联系的，所以教师在词汇教学中应该将词的发音、外部形式、表达意义结合起来。在传统的英语词汇教学中，教师过分注重单词的发音，忽视了单词的语音特点。实际上，英语词汇教学除了发音外，词汇的语音特点，如拼读、节奏、重音、连读等，也应引起重视。

在词汇教学过程中，教师可以对单词的音、形、义进行总结和归类，发现不同单词在音、形、义上的特点，进而加深学生对单词的印象，提高词汇记忆的效率。

二、互联网 + 视域下大学英语词汇教学的方法

在互联网环境下，教师的角色不但是知识的传授者，还是语言学习环境的缔造者，更是学生学习活动的设计者和指导者。在教学过程中，教师要明白自身所担任的角色，做好学生学习词汇的辅导者、指导者、监督者和评价者，发挥模范带头作用。基于互联网的英语词汇教学，可以采用多种方式。

（一）合理使用幻灯片及 PPT

据国内外权威专家的调查显示，学习者在学习英语词汇时，只靠看，可以记住 40%；靠听，可以记住 15%；而将视听结合起来，就能记住 75%。可见，在英语词汇教学中，教师应充分利用多媒体和网络的环境，集音、形、文、图于一体，从学生的认知水平、生活经验及学习兴趣出发，将单词用幻灯片或 PPT 的形式展现出来，将学生置于生动、真实的环境之中。

（二）利用搜索引擎创设英语情境

教师可以利用网络的搜索功能为学生提供最新的音频或视频资料。例如，当讲解到政治词汇时，教师可以将国外的电视节目、电影中有关政治的资料搜索出来，为学生提供真实的资料，实现视听结合，以便更好地理解每一个词汇的意义，方便学生牢牢记住它们。

（三）利用网络词典检测学生的词汇学习结果

网络词典是一种检测学生词汇量掌握情况的便捷、有效的工具。学生可以自行使用这种检测。在检测过程中，一旦遇到陌生单词，可以随时通过网络词典查询其意思、用法、搭配、例句等有关资料，且这些资料都有语音资料，学生能一边听一边记忆，大大提升了记忆的效率。

（四）利用录音录像功能提高学生的关注度

在英语词汇教学中，教师可以设置一定的情境，使学生进入预设情境。例如，教师用 PPT 整合学生所学词汇，然后让学生利用这些词汇编写故事，之后分角色表演出来，在学生表演时，可以录视频。这种做法，可以使学生更认真地学习词汇。同时，也能加快学生记忆词汇的速度，加深对单词运用的印象，活跃课堂氛围，提高单词学习的效率。

（五）加强日常监督和互动

网络环境下的互动主要有师生之间的互动、生生之间的互动、教师与网络之间的互动、学生与网络之间的互动。在英语词汇教学中，教师可以借助 E-mail 语音和视频与学生进行沟通，及时发现学生在学习词汇时存在的问题，对教学效果进行反馈，对教学和材料进行调整。E-mail 等网络沟通形式以其灵活性和跨时空的特点为学生提供了一个良好的学习词汇和运用词汇的渠道。

第二节　互联网 + 视域下大学英语语法教学

英语语法教学始终是人们关注的焦点，是贯穿英语教学的一条主线，也是令高校师生头疼的难题。然而，在互联网普遍运用于教学的今天，语法教学似乎找到了一个很好的媒介，教学效果也得到了显著提升。本节就对互联网环境下的大学英语语法教学进行研究。

一、大学英语语法教学简述

（一）大学英语语法教学的重要性

20世纪70年代，交际教学的兴起对口语给予了高度重视，却忽视了语法教学。在这种背景下，一些教师错误地以为交际教学反对语法教学。实际上，这种认识完全歪曲了交际语言教学。交际语言教学一直都没有否定语法教学的重要性，甚至认为语法是交际能力的重要组成部分。

语法是对语言规律的概括，是词汇组成句子依据的规则，如果没有语法，就无法正确理解句子意思，更不用说口头交际、阅读或是写作了。培养学生的阅读和写作能力固然重要，但书面形式的英语表达更无法脱离语法规则。假如不熟悉语法规则，那么也就看不懂英语文章。同样，如果写作中有大量语法错误，那么也会影响语言表达和阅读的效果。因此，语法教学至关重要。

新的高考制度虽然注重对学生语言交际能力的考查，强调句子的交际性，不死抠语法，但这并不意味着就要降低语法的地位。从近些年高考英语试卷就可以看出，每道题除了基于语法规则以外，考题的阅读难度逐渐加大，如果没有一定的语法基础，就连读懂题意都很困难，更不用说解题了。

（二）大学英语语法教学存在的问题

当前的英语语法教学主要存在如下几个问题：

1. 重讲解，轻训练

教师在课堂上总是用大把时间讲解语法规则，忽视了对学生语法能力的培养。这些教师往往认为，语法知识点的讲解直接关系着学生的考试成绩。然而事实并非如此，学生的英语考试成绩与其语法能力密切相关，但与教师大量的讲解并没有太大关系。教师的讲解与学生的能力并不等同，二者是两个截然不同的概念。英语语法教学不仅需要适当的讲解，还需要有效的技能训练。

2. 重机械操练，轻情境交际

语法是英语语言的重要组成部分。将语法教学置于课堂交际中，融言语交际于英语教学中是英语语法教学的核心。尽管教师在课上组织学生做了大量习题，但多是与语境相脱离的，缺乏目的语的输入，使得学生对语法规则十分清楚，考试得高分，但学生实际的运用能力却十分薄弱，特别表现在其作文中。

3. 重规则总结，轻错误分析

教师对语法知识的总结是非常必要的，但学生英语语法学习的心理过程和阐述错误的原因要比语法规则复杂得多。因此，对学生语法错误的分析对减少学生的语法错误和提高其学习效率有着至关重要的作用。

4. 重规则记忆，轻意识培养

英语语法能力的培养是一个递进的过程，从语法知识的认知、语法规则的提炼和运用到语法意识的养成是学生英语语法能力不断提高的过程。学生语法能力发展的最高境界是语法意识。因此，对语法意识的淡化必然会迷失英语语法教学的方向。

（三）大学英语语法学习与语法教学的由来

1. 语法学习

语法是语言学习的重要组成部分，其遵循学习的一般规律，但其也存在特殊性。因此，有必要先来了解语法学习的特征，找到制约语法学习的因素，突破阻碍学生语法学习的障碍，设计出更加有效的英语语法教学活动。

（1）语法自然习得论。

由于母语中的语法学习是在自然环境中进行的，所以有人认为，不用专门学习语言就可以掌握语法的使用。可见，学习是无意识的。二语习得研究发现，在特定的教学法中，即便没有显性语法教学，学生也能学习语法。于是，有学者指出，学生不用专门教授也可以掌握语法知识。

（2）语法学习序列论。

外语习得的研究者发现，不管按照什么顺序教授语法，语法学习的顺序基本是固定的，所以在编写教材时，编写者会考虑语法的习得顺序。我们发现，英语教材中总是先简单句后复合句，先一般现在时后一般过去时，先肯定句后疑问句和否定句，在设计课堂教学活动时也应遵循这一顺序。

（3）行为主义语法学习论。

语言结构性的最好展示就是语法。因此，语法受结构主义和行为主义的影响极大。人们常常认为熟能生巧，所以认为语法学习也是如此，加上听说教学法和结构性教材的使用，行为主义学习论更加受到重视。很多学习者将大多数时间用于背诵和操练语法规则上，尽管这不一定符合机械训练的要求，且收效甚微，但仍是很多学习者学习语法的主要途径。

（4）语法学习交际论。

由于语法学习是为交际服务的，所以要掌握语法知识也要通过应用来实现。在语言教学中使用显性语言知识不一定奏效，所以应在潜意识中培养学生在使用语言的过程中的语法意识。因此，持交际学习观者指出，必须通过活动、交际和完成任务等方式来学习语法，否则就达不到语言交际的目的。

（5）显性语法学习和隐性语法学习。

按照语言学习的规律，语法学习的过程分为两种方式：显性的和隐性的。显性语法学习即直接学习语法规则条文。隐性语法学习即通过对语法材料无意识接触的方式的学习。实验结果表明，对语法的了解能促进语法的习得过程，但显性的知识很难内化成真实的交际能力，实现自然习得。显性学习和隐性学习结合起来才是语法学习的最佳方式。显性语法学习和隐性语法学习结合的方式，一方面有对语法描述性知识的学习；另一方面，可以在各种交际活动中使用语法，培养学生的语言应用能力。

2. 语法教学

从理论与知识结构的层面来说，语法教学的内容涉及三个方面：语言形式、语义和语用。其中，语义涵盖了语法形式与结构的语法意义与内容意义，语用即语言在一定语境、语篇中的表意功能。语法教学不但要使学生掌握语言的形式与意义，还要使学生清楚语言形式的运用，使语法具有交际的意义。

（四）大学英语语法教学的原则

1. 系统性原则

语法教学首先应遵循系统性原则，即语法教学的内容与体系要根据英语语法知识的内在逻辑关系和学生的认知能力的发展规律加以确定。在英语语法教学中，系统性原则的落实要依靠教材的编写者和教师。教材的编写者和教师要根据英语语言的发展特点选择一些出现频率高、实用性强的语法项目，编写出能反映当代英语语言规则的教学语法，注意各个语法项目之间的连贯和衔接，做到主次分明、重点突出、深入浅出、循序渐进。

2. 交际性原则

一些社会语言学家认为，交际是语言的功能，即一个人要真正运用语言进行交际，除了具备能造出语法的句子的语言能力以外，还应具备在什么场合、对谁、用什么方式及说什么的能力，这就是交际能力。由此可以看出，语言能力与交际能力有着密切的联系。语言能力是交际能力的基础，交际能力包括语言能力。在语法教学中，弄清语法概念是非常重要的，但只看语法书并不能弄清语法的概念，一定要通过实践、出错、改错、再实践，才能真正弄清语法的概念。因此，学习语法除了要读语法书、背语法条目，还要在实践中对这些语法项目加以运用。要学习某一语法项目，就要多进行实践，在实践中对其进行巩固，在实践中发现问题、纠正错误，这样既可以正确建构语法知识，又可以掌握其正确的使用方法。只有通过对一门语言的使用才能掌握这门语言。学习者只有经过大量的语言练习，在不同的情境中反复使用，才能掌握语言。但是，假如语法结构不是在真正的交流中使用，或不具有真正意义上的交际意图，那么学生仍不会成功地掌握英语。

3. 情境性原则

语法教学的情境性原则即教师应打破传统的英语语法教学模式，对语法的讲解应选用生活中的素材。另外，语法课堂活动的设计应尽可能是学生喜闻乐见的情境，用生动的语言解释语法点，引入时事、新闻、生活等场景，为学生提供真实的语言材料。

4. 情感原则

情感教学始终都是一个有效的教学手段，在不同教学中均发挥着重要作用。了解学生的情感，就可以根据学生情感的变化，采用恰当的教学方法，实现有效教学。因此，在语法教学中，教师也要善于把握学生的情感因素，加强情感教学，使语法教学达到事半功倍的效果。

5. 针对性原则

语言教学还要遵循针对性原则，即对学生语法的薄弱环节有针对性地进行教学。在大学英语教学中，班级大、人数多、学生语法基础差距较大，促使处于“两极”的学生共同进步是极为困难的事情。这需要教师了解学生的语法基础，对学生普遍存在的语法弱项进行集中讲授，对个别严重语法问题进行个别处理。对于语法基础好的班级，可以不用按照“讲解—操练—交互活动—针对性讲解”这样的流程，而是可以直接开展巩固性交互活动。

6. 比较原则

对于英语非谓语动词来说，其充分体现了英汉语言在句法上的差异。汉语中的谓语成分较为复杂，不受主语的支配，句子和句子之间没有明显的逻辑关系，所以汉语句子看起来较为松散。相反，英语句子中的动词可以根据其句法功能分为谓语动词和非谓语动词两种，句子和句子之间会用有明示关系的连词连接，所以英语句子更加完整且严谨。因此，在讲解英语非谓语动词这一语法项目时，教师就可以选取典型段落，通过翻译练习，让学生通过对比英汉语言直观地了解英汉句法特征的差异，从而加深学生对这一语法点的了解和掌握。

7. 综合性原则

综合性原则即在语法教学中应避免单一性，做到方法、内容、技能等的综合运用。具体来说，实现语法教学的综合性原则应从以下几点入手：

（1）归纳和演绎相结合。由于归纳法和演绎法各有利弊，所以在英语语法教学中应将二者结合起来使用，做到以归纳为主、演绎为辅。

（2）隐性和显性相结合。语言学习的过程本身就是显性与隐性的结合，所以语法教学也应遵循语法学习的规律，以隐性教学为主，适当采用显性的教学方式，通过隐性教学培养学生的语言运用能力，通过显性教学增强其语法意识。

（3）语法与听、说、读、写活动相结合。由于语法是为听、说、读、写技能服务的，所以语法教学应该在这些活动之中展开，使语法更好地服务于交际。

8. 认知原则

从错误分析的结果看，致使学生出现错误的最主要因素是学生在学习语言的过程中普遍采用的认知手段——类推。也就是说，不管学习哪种语言，学生都会尽可能地发现规则，使自己掌握的语言知识形成一个系统。当学生发现自己的系统与目标系统存在差异时，他们就会及时作出调整，使自己的系统与目标系统越来越接近。学生学习语言时，通常会采用四种认识方式：分析、综合、嵌入和配对。基于此，语法教材编写者必须注意学生在学习语言时的主观能动性，在安排语言材料、选择和语法项目时考虑对学生认知能力的利用与培养。

二、互联网+视域下大学英语语法教学的方法

（一）利于多媒体创设英语教学情境

随着各国文化交流的日益频繁，英语作为一种全球性的语言，有了更广泛的使用环境。在语法教学中，教师可以利用多媒体设计一些贴近生活的语言情境，让学生通过角色扮演的形式开始语法学习。例如，在讲解 Going Shopping 一课时，教师可以先为学生播放一些自己设计好的或是网上搜到的与购物有关的二维动画，并要求学生用情境对话的形式在课堂上进行表演，这样学生在轻松的环境下，既掌握了语法知识，又提高了语言交际能力。

（二）学生借助多媒体感知英语语法

培养学生的英语感知能力，目的是帮助其形成规范的英语思维，从而可以更好地理解和运用英语语法。在英语教学中，教师可以从两个方面培养学生的感知能力。首先，通过阅读训练培养学生的英语感知能力。其次，通过听力训练培养学生的英语感知能力。

对阅读培养而言，教师可以利用多媒体，如电视机、录像机、投影仪等，丰富阅读内容的形式，引起学生的兴趣。通过上下文语境的配合展示，引导学生积极主动地进行英语语法练习，从而能主动总结和归纳阅读中的语法知识。多媒体辅助下的英语教学，不但可以使学生通过具体的文字图片材料理解语法知识，而且可以形成根据上下文理解词语的意思，最终形成良好的阅读习惯。

对听力训练而言，只有一定的语言输入，才能使学生在具体的语法知识感受中提升自己的应用能力，进而提高综合英语实力。基于多媒体的听力训练，学生应对已学的语法知识进行复习，通过对话和断句的反复播放，强化其理解，从而形成固定的英语思维，最终达到脱口而出的水平。具体而言，教师在课上可以为学生播放经典的英语电影对白、英语歌曲，激发学生的英语学习兴趣，并使学生在潜移默化中掌握英语语法知识。

（三）多媒体应与常规教学媒体及手段相结合

在现代英语教学中，多媒体技术可以发挥其巨大的优越性，但常规媒体与手段的功能也是不可忽视的。在英语语法教学过程中，教师应将多媒体技术和常规的教学媒体及手段结合起来进行使用。教师应根据语法教学的需要选择合适的媒

体和手段，充分发挥各自的优势。同时，也要根据学生的实际和教学内容，选择合适的媒体。

在制作课件时，教师应考虑自身的实际情况，合理安排制作课件的时间。在制作课件时，教师应尽量将自己的思想渗透其中，且不可过于花哨，要追求简单实用。

此外，英语教师在一节课上，对各个不同阶段使用课件的要求不同。通常，英语教师会将整节课分为五个部分：复习、呈现、练习、操练、巩固。在复习阶段，教师最好不要使用幻灯片。在呈现阶段，教师应做好幻灯片的切换。在练习阶段，应给学生足够的思考和练习时间。在操练阶段，教师要组织学生开展大量的语言训练。

第六章　互联网＋视域下大学英语听说读写译教学的创新

长期以来，我国的英语教学采取较为传统的教学模式，英语更多地被看作是一种知识，而不是一种能力。随着现代英语教学法的兴起，英语教育界逐渐认识到形式与功能都是语言的有机组成部分，二者具有同等重要的意义。学生在课堂上通常进行词汇、语法、句法结构等知识的学习，但这些知识都必须经过语言实践才能最终转化为语言能力。听、说、读、写、译等都是语言能力的具体表现形式，可见语言能力是一个综合概念。需要特别说明的是，各项语言能力之间具有相辅相成的关系，相互之间并不是彼此孤立的。换句话说，任何一项能力的欠缺都会对语言的综合运用带来影响。为此，本章就来研究互联网＋视域下大学英语的基础技能教学。

第一节　互联网＋视域下大学英语听力教学

在日常交际中，听力是极其重要的，听力活动在大学英语教学中必不可少。随着互联网技术的引入，教师在大学英语听力教学中可以选择多种资源，极大地丰富了英语听力的输入渠道，有助于激发学生的听力学习兴趣。因此，在大学英语听力教学中，互联网技术的引入备受重视。

一、大学英语听力教学简述

（一）大学英语听力教学的内容

大学英语听力教学的内容通常包括四个方面：听力知识、听力技能、听力理解和语感。

1. 听力知识

听力知识的掌握是听力能力提升的根基，对英语听力教学和听力学习来说都十分重要。一般来说，听力知识是由以下几个方面构成的：

（1）语音知识。听力理解首先需要输入听觉信息，因此了解语音知识对听力理解起着根基性的作用。语音知识的教学也是听力教学的重中之重，直接影响学生后续听力水平的提高。

（2）听力策略。听力策略知识对于听力任务的完成十分重要。具备了一定的听力策略，学生就可以根据实际情况进行听力方式的选择，从而增加了听力活动进行的灵活度。

（3）文化知识。听力语言材料中通常包含广泛、丰富的文化信息。英语听力中包含着两种甚至多种文化，如果学生不了解一定的文化常识，是无法顺利进行听力实践的。

（4）语用知识。在听力材料中通常也会涉及一些有关言谈交际的话题和材料。此外，交际中的会话含义是普遍存在的现象，对这些材料的理解通常需要借助相应的语用知识来把握。

2. 听力技能

听力技能属于较高层次的实际运用语言的能力，要想较好地改善学生的费时、低效的听力学习现状并提高听力教学效果，需要重视听力技能的培养。具体来说，听力技能主要包括以下几个方面：

（1）交际信息辨别能力。在进行听力活动时能够体现出其交际性。从总体上来说，听力材料都是由交际性语言组成的，因此学生掌握交际信息辨别能力十分必要。

（2）辨音能力。在听力理解的过程中，学生需要具备基本的辨音能力。例如，辨别音位、语调、重读音节等。

（3）预测能力。预测能力指的是根据一定的语境信息及已有知识来预测下文语言话题的发展与转向，这在听力实践中也十分重要。在听力教学中，对学生预测能力的锻炼有助于学生提升其听力效率。

（4）大意理解能力。这项听力技能的教学内容主要是要求学生能够及时抓住交际者的意图等。

（5）词义猜测能力。在听力实践过程中，听者不可避免地会遇到一些陌生的词汇，此时如果听者一直思考生词的词义，则有可能影响到后续听力信息的接收。

具备词义猜测能力是一名合格的听者的必要条件，常用的词义猜测方式有根据上下文判断、借助整体语境、搜寻已有信息等。

（6）推理判断能力。交际是交际者在一定的交际目的下进行的，因此言语不仅能够表达出一定的话语信息，还体现着说话者的交际信息。听者需要根据一定的推理判断，去揣摩说话者的意图，从而保证交际的顺利进行。

（7）选择注意力。这样的听力技能也是在听力教学中应该关注的教学内容。具体而言，选择注意力就是按照听力目标的不同，让学生将其注意力集中在不同的内容上。

（8）对细节的把控能力。语言材料中包含了很多细节，这些细节是进行听力理解的基础。听者只有具备对细节的把控能力才能以更加积极的心态去进行听力理解活动。

（9）评价能力。评价能力能够影响听力活动的进行，指的是听者对所听内容的评价与表达能力。

（10）记笔记的能力。众所周知，听力活动带有口语活动的特点，因此进行时间短、不可重复，在一些正式场合，听者具备快速记笔记的能力，能够完善对知识的掌握情况，同时也有助于对整体信息的理解。

3. 听力理解

听力理解不仅包括语言的字面含义，还涉及语言背后的深层含义。在实际的听力教学中，教师不仅需要教授给学生具体的听力知识、技能和策略，还需要提高学生的听力理解能力。

（1）辨认。在听力理解中，辨认是其前提，同时也是听力活动发展的基础。语音辨认、信息辨认与意图辨认是辨认的主要内容。其中，语音辨认是最简单的，只要学生掌握了一定的英语知识即可，最困难的是意图辨认，听者不仅需要以语音、信息辨认为前提，还需要积极发挥自己的交际能力和文化能力。进行辨认能力训练，教师可以采用乱序训练法，将一个完整的听力材料打乱顺序，要求学生进行重新排列，并指出每一部分所对应的辨认方面。

（2）转换。听力理解中的转换指的是将所听材料中的内容转换为图表的能力。这种转换不仅需要听者辨别听力材料中的短句与句型，同时还需要听者运用已知信息进行适当转换，这是对听者能力的考验，也是听力理解的第二个层次。

（3）重组与再现。听力理解的第三个层次是重组与再现，这需要教师对学生的说写能力进行提高。

（4）社会含义。听力活动属于交际活动的范畴，在语言上有着礼貌、得体的特征。因此，在进行听力理解时需要听者仔细把握原文，对其社会含义进行准确理解。听力语言形式十分丰富，会涉及不同的话题，教师要训练学生根据不同语境进行描述的能力，同时在描述过程中还需要学生理解语言背后的深层内涵，从而促进听力活动的进行。

（5）评价与应用。对听力语言进行重组、评价、应用是听力理解的最后层次，也是难度最大的内容。听力理解带有目的性、交际性，需要听者明确交际意图，并进行语言回应与沟通。此外，为了提高学生的评价与应用能力，教师可以在教学中增加听力讨论与交际的练习。

4. 语感

所谓语感，指的是对语言的感悟能力，这种感悟带有直接性，但是可以通过不断的锻炼来提高。在听力活动中，即使缺乏一定的语境条件和必要信息，良好的语感也能够帮助听者进行语言行为的预测与判断，从而促进听力活动的进行。

（二）大学英语听力教学的原则

从本质上来讲，大学英语教学中的“听”是对口头信息的理解。近年来，虽然教师加大了对听力技能的训练，但是成效并不明显，原因之一就是教师在听力教学中没有遵循适当的原则。对此，下面介绍几点听力教学原则，以供参考。

1. 渐进性原则

英语听力学习是一个循序渐进的过程，而不是一蹴而就的。循序渐进原则主要体现在听力材料的选择上，教师应该从学生的实际情况出发选择适合学生能力的听力材料，做到从简单到复杂。在听力教学初期，应该选择那些语速较慢、吐字清晰、连读情况较少的材料。

另外，听力材料的语音、语调要尽量真实、自然，符合实际交际场合中的说话风格。另外，听力内容可以选择新闻、热点，也可以选择故事、日常生活会话，无论是哪一种，都要尽可能地调动学生的积极性和主动性，让学生在听力教学的过程中学有所得。

2. 多样性原则

学生培养听力的重要途径就是在课堂上听教师的讲解。因此，在实际的听力教学中，教师可以按照由慢速到快速、由简单到复杂的教学原则组织教学，并且鼓励每一位学生大胆地讲英语，发表自己的见解，以创造浓厚的学习氛围。

此外，教师应该从不同的教学目标出发，选择多样的听力材料和训练模式。例如，如果目的是让学生对语音进行区分，那么教师可以给学生几组发音相似的词汇，让学生边辨别边体会；如果目的是让学生归纳文章的主旨大意，那么可以允许学生用母语作答等。

3. 交际性原则

培养学生的英语交际能力是英语教学的最终目标，大学英语听力教学也毫不例外。因此，交际性原则是听力教学的根本性原则。在听力教学过程中，教师应严格要求自己，做到发音准确、语速正常，身体力行地引导学生使用英语进行交际。

4. 听觉与视觉相关联原则

听觉与视觉相关联原则需要引导学生注意视觉信息、听觉信息，另外还需要引导学生利用自己的已有知识。

（1）引导学生注意视觉信息。在英语听力教学中，教师可以运用图片、图表、文字等工具为学生提供视觉层面的信息。很多人认为，听力理解的信息应该是听觉信息，但是那些与听力相关的图片、图表、文字等也对学生的听力理解有很大帮助。例如，在英语新闻报道中，电视屏幕下方的新闻关键词对于理解新闻信息有很大的帮助。同样，那些与听力内容有关的图画或者画面也有助于理解听力材料。因此，在英语听力教学中，教师应该运用各种方式来引导学生注意视觉信息，从而帮助学生对听力材料的内容加以理解，进而提升学生自身的听力水平。

（2）引导学生注意听觉信息。听觉信息主要包含语气和语调两部分。一般情况下，对于同样的一句话，不同的人往往会具有不同的语气和语调，他们所使用的词汇的语义也会发生改变。

很多时候，学生可能对于所听到的内容呈现出不太确定或者不太理解的状态，但是通过该语言材料的语气、语调会对话语的意图进行确定，如是夸张语气还是委婉语气；是喜悦语气还是悲伤语气；是幽默语气还是愤怒语气等。因此，教师应该为学生选择一些带有语气、语调的听力资料，让学生能够将语言材料的内容与语气、语调相结合，形成一个个图式，并将该图式内化到该材料的知识体系中，因为这样才能帮助学生解决以后遇到类似的问题。

二、互联网＋视域下大学英语听力教学的方法

互联网技术下，大学英语听力教学不仅有助于提高教师的教学效果，也有助

于提升学生的听力水平，这可以为学生的英语听力教学带来广阔的空间。那么，如何将互联网技术准确、合理地应用到大学英语听力教学中呢？当前，我国英语教学提倡自主学习，是以学生的主体地位为前提的教师进行指导、学生主动参与学习，而不是没有教师指导的完全意义上的自学。因此，互联网技术下的大学英语听力教学不能忽视教师的指导作用，否则就不能取得应有的教学效果。利用互联网技术培养学生的听力能力，教师可以从以下两个层面着手：

（一）建构听力学习环境

听的本质是一种交际活动，学习成功与否的关键因素在于学生。基于这两点考虑，在听力课堂上，教师应该充分利用现代信息技术，为学生构建良好的自主学习环境。具体来说，教师应该做到以下几点：

第一，为学生创建丰富的、真实的、有助于听力理解的交际语境，使学生犹如身处真实的语境中一样，使他们能够感受到听的实用性，进而增加学习英语的兴趣。

第二，利用多媒体资源丰富听力教学，激发学生的学习兴趣。

第三，选用真实的听力材料，一方面能够增强学生对学习内容的认同感，另一方面也能使学生接触到地道的语音、表达方式，有助于学生在日后实际的对外交往中听得更准。

第四，设计与真实语篇相关的课堂活动，采取小组合作的教学活动，从而减少学生对教师的依赖感，减少学生学习中的焦虑情绪，使学生在合作交流中碰撞出思想的火花，增进学习的主动性。

第五，为学生提供合作互动、沟通交流的机会，使学生在参与中逐渐掌握学习的方法，找到学习的乐趣，增强学习的动力。

第六，教授学生一些对所听内容进行评论、提问的反馈语，如“Really?”“I don’t think I understand you. Could you say that again?”“I beg your pardon.” 等，使对话继续下去。

（二）培养听力自主决策能力

在互联网环境下，学生听力自主决策能力的培养要注意以下两方面：

第一，学习并掌握获取信息的硬件知识。只有掌握了现代信息技术的操作技能，学生才能实现与老师或者同学通过网络技术的实时交流。

第二，要培养掌握、收集、整理、利用信息的能力。学生要能根据教师布置的学习任务，借助现代信息技术自行搜索、采集信息，对获取的信息进行分析、整理，并充分利用这些信息提高语言能力。此外，还要通过现代信息技术，让学生对自主学习的效果进行评价。

总之，借助互联网技术所提供的网络化虚拟课堂，学生的角色发生了转变，他们从知识的被动接受者转变为听力理解过程中意义的自主建构者。他们以自己的整个身心去感受听力语篇中呈现的各类信息，同时借助互联网将自己的观点与思想生动地传达出来，主动参与学习交互活动，培养自主学习的能力。

第二节　互联网 + 视域下大学英语口语教学

口语是人与人之间面对面地进行口头表达的语言，是人类社会使用最频繁的交际工具。因此，口语对于英语综合运用能力的提升十分重要，口语教学也就成了大学英语教学体系中的重要组成部分。随着互联网技术的引入，大学英语口语教学比传统口语教学有着明显的优势，这不仅有助于营造良好的语言环境，还有助于提升英语的听说能力。下面就来分析互联网 + 视域下大学英语口语教学。

一、大学英语口语教学简述

（一）大学英语口语教学的内容

培养、提高学生的英语口语表达能力与交际技能是大学英语口语教学的宗旨，因此语音训练、词汇和语法、会话技巧、交际策略等是大学英语口语教学的主要内容。

1. 语音训练

英语口语训练应以英语语音为前提，帮助学生掌握正确的语音、语调是语音训练的首要目标，具体涉及意群、停顿、弱读、重读、连读、音节等。如果没有掌握规范的发音，不仅难以表达自己的观点，而且会为对方带来理解障碍。

（1）英语中使用降调的句子一般包括不能用 Yes 和 No 来回答的问句、附加问句、感叹句、命令句、肯定句等。例如：

She is a popular singer, isn’t she? ↓

How beautiful this necklace is! ↓

Where are you going? ↓

Take me to the post office. ↓

I went to the cinema last week. ↓

(2) 英语中，可用 Yes 和 No 回答的疑问句和表示怀疑的问句通常使用升调。当对别人的话语进行重复时，也常使用升调。例如：

Are you ready? ↑

A：This is a typewriter. ↓

B：Typewriter. ↑

(3) 有一些句子，当表达不同的含义时应使用不同的语调。例如：

A：This movie is boring.

B1 :It ↗ is.（表达肯定语气，用升调）

B2:It ↘ is.（表达怀疑语气，用降调）

B3:It ↘↗ is?（表达责备语气，即“你怎么可以这样认为”，同时使用降调和升调）

(4) 当口语中出现事物的罗列或者选择疑问句时，通常在前半部分使用升调，在后半部分使用降调。例如：

I like apple ↑，orange ↑ and water melon ↓ .

Are you English ↑ or Chinese? ↓

不难发现，语句的含义与语调之间存在密切的联系，教师应引导学生对不同语调对意义的影响予以重视。

2. 词汇和语法

在口语表达过程中，词汇与语法发挥着不可替代的作用。具体来说，如果没有必要的词汇储备，很多思想、观点就无法准确表达出来；如果没有基本的语法知识，句子内部的逻辑关系就容易出现混乱，交际也就难以顺利进行。所以，词汇与语法也是大学英语口语教学不可或缺的内容。

3. 会话技巧

培养和提高学生的口语表达能力，使他们能对一些会话技巧进行熟练运用，从而使交际得以顺利进行是口语教学的根本目标。因此，会话技巧也是大学英语口语教学的重要组成部分。

4. 交际策略

所谓交际策略，是指当某种语言的使用者在话语计划阶段由于自身语言方面的不足而无法表达其想要表达的思想时所采取的策略。在交际过程中，为克服因语言能力不足而导致交际困难，交际者使用语言或非语言手段的能力即为交际策略能力。交际策略也是大学英语口语教学的重要内容。

口语交际活动往往不可预测，因此在交际过程中遇到尴尬局面也是在所难免的，这就要求交际者具备一定的交际策略能力，以便在需要时借助交际策略来解决遇到的困难，促使交际顺利进行。策略能力包括两个方面：一是发生困难时使对方理解自己讲话内容的能力，这一能力被称为“补偿能力”（compensation）；二是在发生理解困难时获取意义的能力，这一能力被称为“协商能力”（negotiation competence）。

一般来说，补偿能力主要包括如下几个方面：

（1）使用会话填补词。在交际过程中，有时交际者可能会一时想不出想要使用的语言，这时可以适当地使用用一些填补词，如“and you see.”“Er，that’s a very interesting question …”“Well …，let me think…”等，一边说一边思考，控制说话节奏，确保讲话的连贯性。

（2）使用同义词或类别词。在交际过程中，如果交际者缺乏关于某一话题的词汇，可以采用自己熟悉的同义词来代替，如用 dark 来代替 gloomy。

（3）使用肢体语言。在交际过程中，交际者也可以适当借助肢体语言来表达自己的观点与看法，保证交际顺利进行。

协商能力包括澄清信号。在交际过程中，如果听话人没有完全理解讲话人的意图，或没能听清讲话人的意思，这时听话人可以请求重复，或直接要求讲话人加以解释，如“Pardon?”“What do you mean by saying…？”“What does…mean?”等。通过运用这一交际策略，交际者可以将自己的意思清晰地传达出来，使交际渠道畅通，从而使交际顺利开展。

在大学英语口语教学过程中，教师应注意向学生介绍一些英语国家人们的交际策略，使学生了解英语语言规则和交际规则，提高英语口语交际能力，在交际过程中更好地让自己的讲话内容被对方所理解，并更好地理解对方的语言，提高和改善跨文化交际效果。

（二）大学英语口语教学的原则

要想更好地开展大学英语口语教学，需要坚持如下几项原则：

1. 鼓励性原则

一般来说，学生的口语表达不仅受语言因素的影响，还常常受到一些非语言因素的影响，如心理因素、文化因素、生理因素、情感因素、角色关系因素等，使很多学生在口语练习中不愿意开口。著名学者崔（Tsui）于 1996 年围绕“学生不愿意开口说英语”这一主题开展了专项调查研究，并将其原因总结为以下五个方面：

（1）学生怕说错，担心其他同学嘲笑而不愿意说。

（2）学生认为自己的语言水平低，因此不愿意说。

（3）教师提出的问题难度过大，学生本身就不理解。

（4）话轮分配得不均匀。

（5）教师提问时对沉默难以容忍，学生不愿意回答的结果无非是两种，一是教师自问自答，二是由成绩好的学生开头说。

因此，为使学生更加积极地参与到口语练习中，教师应该为学生设计一些有意义的活动，并营造出一个较为安全的学习环境。在著名学者纽南（Niman，1999）看来，鼓励学生并使他们大胆说英语是口语教学中一项很重要的原则，因此教师应为学生创设更多有意义的语境。在这样的语境下，学生不会担心受到嘲笑，这样才能更好地进行口语练习。针对一些口语基础较差的学生，教师可以考虑采取“脚架式”教学方法，使教学策略与学生的状况保持一致。

2. 互动性原则

机械练习在口语教学中极易使学生感到枯燥乏味，打击学生的兴趣与信心。因此，口语教学还应坚持互动性原则，使口语训练充满互动性，使学生能够在互动练习中不断提高口语表达能力。根据互动性原则的要求，教师为学生设计的话题应该能够使学生展开互动性的练习活动。换句话说，“动”是互动性原则的核心。

如果教师采取传统的口语教学模式，在课堂上仍以提问、回答为主要方法，则学生对口语表达的参与是被动的，这会影响学生口语能力的提升。因此，教师可以采取多种多样的教学方法，如角色扮演、对话练习、小组讨论等，使学生之间进行有效的互动练习，从而打破呆板的课堂气氛，为学生营造一种愉快、轻松的学习环境，使他们的思维始终处于活跃状态，进而全面提高他们的口语表达能力。

3. 渐进性原则

口语能力的提升常常是一个日积月累的过程，因此口语教学应该层层深入、由易到难、循序渐进地展开。例如，我国大学的学生通常来自全国各地，很多学生的英语口语表达都会或多或少受到方言的影响。面对这样的情况，教师应分析学生的语音特点与发音困难，进而为学生纠正发音提出建议与指导，使学生按照由易到难的顺序，从语音、语调、句子、语段等层面逐渐提高，主动、积极地说出发音规范的英语。需要注意的是，教学目标的设计要科学合理，过高的目标会给学生带来过多的心理压力，过低的目标难以调动学生的积极性与兴趣，因此教学目标既不能过高也不能过低。

4. 先听后说原则

听与说是一个问题的两个方面，二者之间存在相辅相成的关系。具体来说，说以听为前提。在具体的口语交际过程中，只有首先听懂对方的话语，才能据此进行回应，使交际顺利进行下去。在大学口语教学过程中，学生通常先通过听来进行词汇量与语言信息的积累。当这种积累达到一定程度之后，学生的表达欲望也逐渐被调动起来，他们就会尝试着进行口语表达，进而实现真正意义上的口语交际。如果没有听的积累，就不会有说的能力。可见，在口语教学中应坚持先听后说原则，从而使学生在听的基础上积累，通过听来不断提升说的技能。

二、互联网+视域下大学英语口语教学的方法

传统的口语教学已经很难满足当前时代发展的需求，因此基于互联网技术的口语教学应运而生，并在当前的大学英语教学中起着重要作用。那么，互联网环境下大学英语口语教学该如何展开呢？具体来说，教师可以从如下几点着手：

第一，课外教学与课内教学紧密结合。大学英语课时是有限的，因此仅仅依靠课堂是远远不能满足学生的需求的，还需要对一切可以利用的环境加以利用。课外教学是课内教学的补充和延伸，教师开展丰富的第二课堂活动，结合课堂内容组织学生展开课外活动，如英语演讲、短剧表演、作文比赛、举办班会等，同时教师让学生拍摄成视频，在多媒体教室中进行播放，其他学生根据他们的表演情况进行评判，从而取长补短。另外，教师还可以邀请一些外籍教师做专门的讲座，创办专门的英语期刊、设立英语广播等，让学生体会到口语学习的乐趣，更加热爱学习。

第二，注重网络测试与实施人机对话训练。互联网+视域下的口语学习涉及学生自我测试评估口语水平、人机交互口语练习、教师布置和批改口语作业等。教师在课堂上给学生布置预习任务，让学生通过网络搜索或者下载进行自学。

第三，注重过程评价与教师科研相结合。教学与科研是同步相关的，教学对科研有促进作用，而科研又指引着教学。在教学过程中，教师根据学生的终结性

评价和过程性评价的结果，再结合教学过程中的问题，撰写日志，并改进教学方法，从而提高教师的科研能力。

教师在英语教学过程中还可以多采用以下教学方法：

（一）影像教学法

科技的进步使信息技术、互联网技术得到了迅猛发展，这就使英语口语教学过程中应用影视教学法成为可能。英语原版影视具有强烈的视觉冲击力，文化性与故事性强，能够大大降低学生的学习焦虑，并从视、听、说等方面将学生的积极性与注意力调动起来，提高其认知能力与理解能力，达到寓教于乐、陶冶情操、拓展思维的效果。因此，应充分发挥影视教学法在提高学生的英语口语能力方面的作用，使学生更加深入地参与到课堂教学中来。一般来说，将影视教学法应用于大学英语口语教学中时应从以下几个方面入手：

第一，教师在选择影视资料时，应该以不同的教学目标、学生的现有英语水平及影视资料的难度等作为主要依据，要使所选择的影视资料既有利于既定教学目标的实现，又与学生的英语水平相适应，既不会过于简单，又不会难度太大。此外，影视资料的内容要体现英语国家的文化特征，以帮助学生拓宽视野与思路。

第二，教师应在课前对影视资料进行适当剪辑，并据此来设计相应的口语练习。例如，如果选用电影中的湖泊情景的教学，可将 Leo 带儿子 Siggy 到码头教他潜水的两分钟资料剪辑出来，并采取以下教学步骤：

第一步，向学生介绍影视资料的主题，即 The Lake Scene。

第二步，向学生介绍影视资料的主要情景，即“Leo is teaching Siggy how to do something.”。

第三步，为学生介绍活动中可能用到的动词。

第四步，将学生分成两人一组，安排一人担任观看者，另一人担任倾听者。

第五步，为学生讲解任务要求。具体来说，观看者只负责观看，应放下耳机或塞住耳朵，及时记下与所看到动作相对应的动词，并对面部表情、手势、体势等非言语交际和情景给予特别关注。倾听者则需要背对屏幕，只靠耳朵来捕捉信息，并及时记录下一些关键词。

第六步，为学生播放影视资料，可以多播放几次，以保证学生尽自己最大努力来完成任务。

第七步，安排学生在组内互相交流获得的信息，即由倾听者表述自己听到的信息，由观看者表演自己看到的动作。

第八步，由各组轮流为大家表演。

第九步，再次播放影视资料，全体同学可以同时听和看。

第十步，教师对影视资料进行讲解，对同学的表现进行点评、分析与指导。

此外，教师在课前可以将一些准备工作交给有能力的学生，如安排学生辨别语音、语调，查找、核对影视资料中的生词熟语或者编辑视频资料。这不仅能有效调动学生的学习热情，还能将学生的特长发挥出来，从而达到满意的教学效果。

（二）移动技术教学法

移动通信技术不仅为人们提供了一种丰富、生动且不受时空限制的信息交流方式，其在语言学习方面的提高学习效率、丰富学习交互、扩展学习时间等优势也逐渐显现了出来。因此，越来越多的学者开始关注如何将移动技术与大学英语教学，特别是口语教学进行有机结合，并从多个角度对这种新的教学方法进行界定。

黄荣怀教授采取了"移动学习"这个提法，并将其定义为"学习者在非固定和非预先设定的位置下发生的学习，或有效利用移动技术所发生的学习"。

在大学英语口语教学中采取移动技术教学法可以为学生的口语练习提供全方位支持，丰富学生与英语的接触机会，并实现课内与课外的相互连接。移动技术支持的英语口语教学的基本流程如图 6-1 所示。

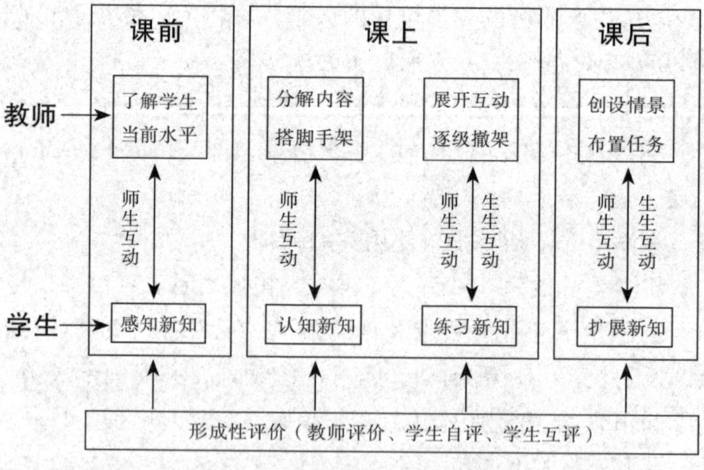

图 6-1　移动技术支持的大学英语口语教学的基本流程

1. 课前自学

在课前，教师对本单元的文化语境、相关知识点进行综合考虑，并据此制作长度适中的音频或视频短片，通过博客传递给学生。学生通过移动设备取得音频或视频文件后，可以根据自己的实际情况安排选择适当的时间、地点进行自主学习。

在这一过程中，学生应完成相应的选择题或录音形式的口语作答，这有利于教师了解他们的学习情况。此外，课前的活动还能引导学生激活已有的背景知识，并事先进行充分的口语练习，有效降低焦虑、自卑、害羞等带来的负面影响。

2. 教师讲解

由于学生已经在课前对相关内容进行了自主学习，对知识点已有所熟悉，因此教师的讲解主要集中在一些重要的词汇、句式与语法项目上，讲解过程也不会像传统课堂那样枯燥。教师可以在讲解过程中再次为学生播放音频或视频资料，从而使学生将所讲知识与语言材料结合起来进行理解。一般来说，教师可以采取以下三个步骤：

（1）教师先讲，学生后练。

（2）教师先做示范，学生及时领会。

（3）教师提问，学生回答。

在这三个步骤中，学生得以进行大量的口语训练活动，从而深化对材料的认知程度。

3. 课堂互动

课堂互动可以采取生生互动、师生互动等形式，旨在引导学生在具体语境中对语言进行灵活运用。需要注意的是，教师在设计互动活动时应坚持由易到难、由浅入深的原则，将机械性练习与灵活性练习、创造性练习与半机械性练习、高难度练习与可接受性练习结合起来。

课堂互动能创造愉快、轻松的学习氛围，为每位学生提供参与的机会，有效弥补大班上课的缺点，使一些害怕开口的学生也敢于进行英语交流。需要特别说明的是，学生在参与互动活动的过程中可以随时通过移动设备来查找相关信息，使移动技术真正成为口语教学的得力助手。

4. 课后的移动式合作学习

课堂教学时间往往是有限的，只能引导学生对新知识进行初级的认知与练习。要想在真实情境中对语言进行更深层次的运用，则必须依靠课后的时间。教师可以以本单元的主要内容与知识点为依据，为学生安排开放式的真实任务，以此来引导学生通过合作的方式进行口语交际，使他们在探索语言运用方式的过程中拓展新知，并在发现问题、分析问题、解决问题的过程中培养创新思维。

为保证每位学生可以顺利完成任务并在任务的完成过程中有所收获，教师可以以学生的课堂表现为依据来进行分组。具体来说，教师可以用短信的方式来通知学生分组情况与具体任务，使他们的合作学习得以顺利开展。学生在完成任务时可以充分利用移动技术进行沟通，使生生之间、师生之间保持信息的通畅。学生可以将自己的任务上传给教师，教师则可以在阅览后进行及时回复并给出适当建议。

需要特别说明的是，形成性评价贯穿整个课堂内外的教学和学习活动过程中。及时的形成性评价能够使学生了解自己的学习状况并得到针对性的指导，从而增强自信心、获得成就感。学生之间的互评则将学生由被动的接受者变为主动的参与者，不仅提升了他们的成就感与归属感，还有利于调动他们的积极性。此外，教师将学生完成的口语录音存入相应的电子档案袋，对于教师客观观察学生在一段时期内的学习变化情况十分有利。

第三节　互联网+视域下大学英语阅读教学

阅读教学是英语教学的主要技能之一，在大学英语教学中有着非常重要的意义。而基于互联网的大学阅读教学，其意义更为非凡。在互联网环境下，学生不仅可以获取信息输入的手段，也能够提升自身的输入能力，还能巩固自己的语言知识和语言技能。下面就对互联网+视域下大学英语阅读教学展开分析和探讨。

一、大学英语阅读教学简述

（一）大学英语阅读教学的内容

培养、提高学生的各种阅读技能是大学英语阅读教学的主要内容，具体涉及以下一些技能：

能够辨认单词。

能够猜测陌生词汇、短语的含义。

具备跳读技巧。

能够理解句子内部与句子之间的关系。

对文章的主要信息或观点能进行准确梳理与把握。

对句子及言语的交际意义进行理解。

能够对文章的主要信息进行总结概括。

对语篇的指示词语进行辨认。

能够对文中的信息进行图表化理解与处理。

能够理解衔接词，进而理解文字各部分之间的意义关系。

能够把握细节与主题。

具备基本的推理技巧。

（二）大学英语阅读教学的原则

在大学英语阅读教学中，虽然各大院校的学生的水平不同，所教授的教学内容与教学方法也存在差异，但是教学原则要共同遵守。具体而言，主要包含以下几点原则：

1. 循序渐进原则

很多人认为，阅读能力是非常容易培养的，其实不然，阅读能力是一项非常复杂的技能。因为阅读能力的提高需要学生增加自己的词汇量、语法知识、句法知识、文化知识等，因此不是一蹴而就的。这就要求在大学英语阅读教学中，教师应该坚持循序渐进的原则。

坚持循序渐进的原则，教师首先需要进行一个合理且长远的规划。在阅读教材的选择、方法的确定、内容的明确、结果的反馈等层面都要进行规划，一步步层层展开，帮助学生不断形成自身的阅读技巧，提升自身的阅读水平。

2. 因材施教原则

学生的个性存在明显的差异，因此在当前的大学英语阅读教学中，教师应该从学生的个体差异性出发，制订符合不同学生的教学内容和计划，以满足不同学生的需求，使得每一位学生的阅读水平都能得到长足的发展。

也就是说，对于阅读水平和阅读理解能力较低的学生，教师应该给予一些相对简单的阅读材料，然后在提升了一定水平之后逐渐增加难度，这样有助于帮助提升学生学习阅读的兴趣和积极性。对于阅读水平和阅读理解能力较高的学生，教师应该布置一些难度较高的阅读材料，使他们觉得富有挑战性，从而满足各种层次学生的需要。综合来说，教师应该对不同学生的基本情况与个性有一个基本的了解和把握，在阅读教学中选择恰当的内容和手段展开教学，做到因材施教。

3. 速度调节原则

在阅读中，很多学生存在这样一种认识：阅读速度与阅读能力成正比，这是错误的且不可取的。阅读速度与阅读能力并不是成正比的，阅读速度低并不代表其阅读能力不足，而阅读速度高也并不能说明其阅读能力强。因此，在大学英语阅读教学中，教师应根据教学目的、教学阶段来调整学生的阅读速度，保证教学中张弛有度，可以从以下两点做起：

（1）在课堂开始前，教师应该放缓教学速度，让学生先慢慢地了解阅读材料。

（2）随着学生知识的增加，学生的语感能力有了明显提高，教师可以让学生提升一定的阅读速度，如进行限时阅读等。

需要指出的是，教师不应该仅仅为了追求课堂速度而忽视对学生理解能力的培养，应该在保证学生能够理解的程度上适度的提升速度。

4. 关联性原则

阅读教学往往是围绕阅读材料展开的，但是很多学生对材料的作者、材料背后的相关信息并不了解。因此，在大学英语阅读教学中，教师应该帮助学生激活与材料相关的图式、话题、作者信息等背景知识，这就是所谓的关联性原则。

需要指出的是，关联性原则并不是要求教师在阅读课堂上大肆讲授背景知识，而占用阅读材料本身的地位，而是将这些背景知识融入阅读材料中，适度地进行讲授。此外，选择的背景知识也需要与材料主题相关，保证二者的关联性。

5. 多样性原则

当代大学英语阅读教学也需要坚持多样性原则，其主要指的是教学内容的多样性与教学形式的多样性。

（1）在教学内容上，教师选择的阅读材料应该是包含各种体裁、题材的，不能仅仅限制于一种体裁或题材，使学生能够熟知和了解多种体裁与题材，在以后的阅读中提高阅读效率。

（2）在教学形式上，教师要从实际情况出发，运用多种教学手段来进行教学，可以借助网络、多媒体等手段，让学生更直观、深刻地了解阅读材料。

二、互联网＋视域下大学英语阅读教学的方法

互联网环境下大学英语阅读教学并不是让学生漫无目的地搜索和浏览，如果没有教师的准备、指导与评价，学生很难通过互联网来提升自己的阅读兴趣和能

力。因此，互联网+视域下的大学英语阅读教学离不开教师的参与。具体而言，教师可以从如下几点做起：

（一）科学合理地选择阅读材料

英语阅读本身属于一门训练技巧的课程，学生需要通过大量的阅读练习来掌握技巧。因此，科学合理地选择阅读材料是最关键的部分。在互联网环境下，材料内容需要与课堂贴近，成为课堂内容的一环。在阅读课堂开始前，教师应该让学生提前搜索一些阅读材料，培养学生网上查询资料、获取信息的能力。之后，教师对学生寻找的资料进行仔细阅览，并将这些资料介绍给学生，要求学生以小组的形式进行交流。最后，教师要求学生做总结报告，教师根据学生的报告给予一些口头评价。

（二）发挥网络互动优势，激发学生的学习兴趣

基于互联网的大学英语阅读教学为大学生提供了一个广泛的互动平台，让学生广泛参与其中。通过互联网提供的空间，教师和学生可以上传学习资料，实现资源的共享。在具体的教学中，教师需要根据教材目的来建设一个网络阅读资料库，将教材中的重难点置于网络上，并且补充一些课外知识，以帮助学生理解和掌握。

另外，为了避免学生出现乏味，教师应该将互联网的优势发挥出来。也就是说，教师在学习资料中添加一些图片、漫画、视频等，在字体、排版上也凸显一些特殊的地方，让学生一目了然，并且能够吸引学生的注意力。

（三）积极地开展课后拓展阅读

在课堂阅读的基础上，教师应该积极开展课后拓展阅读，并着重于学生阅读与动笔练习的结合。通过长期的训练，学生在阅读中能够快速集中注意力。教师在引导过程中，可以根据教材各个单元的内容来开展活动，如可以要求学生从自身感兴趣的话题搜索，整理并做书面报告，进行演讲比赛。通过这些活动，学生不仅可以对各个单元的内容有一个很好的掌握，还能够锻炼写作和归纳能力。

第四节　互联网 + 视域下大学英语写作教学

写作是大学英语教学的一项技能，写作教学是英语教学的重要组成部分。通过写作教学，学生不仅能够提升自己的写作能力，还能够使学生不断提升自己的思维能力，增强自身表达思想感情的水平，诱发自身的学习动机。因此，对互联网 + 视域下大学英语写作教学展开研究具有重要的现实意义。下面就对其进行具体分析。

一、大学英语写作教学简述

（一）大学英语写作教学的内容

一般来说，拼写与符号、选词、句式、结构等都是大学英语写作教学的内容。

1. 拼写与符号

如果缺少规范的拼写与符号，句子的含义就难以表达，文章的内在逻辑关系也难以体现出来，这就在无形之中提高了读者的阅读难度。可见，拼写与符号是大学英语写作教学中不可或缺的内容。

具体来说，学生首先应保证拼写和符号的正确性，以避免引起不必要的阅读障碍。在保证正确性的基础上，学生应努力使拼写规范、美观，易于辨认。虽然这些都属于细节问题，却对写作有着重要影响。

2. 选词

在不同的文化背景下，词汇有着不同的意义。此外，词汇的含义还有表层和深层、基本义与引申义之分。因此，如果缺乏对词汇含义的准确了解，就很难在写作过程中依据表达需要来选择适当的词汇，这将对写作效果带来消极影响。

词汇的选取既是作者与读者进行交流的一种方式，也是作者写作风格的体现，且常常取决于作者的个人喜好。所以，在进行词汇选择时一般要考虑语域的影响，如非正式词与正式词、概括词与具体词等。此外，还应注意感情色彩的因素，如褒义词与贬义词的选择。

3. 句式

句式对于写作来讲非常关键，因为语篇就是由一个个词与一个个句子通过一定的组合而构成的。英语句法结构丰富多变，对句式的掌握与运用是进行英语写作的利器，这就使句式成为英语写作教学的重要环节。

为了提升学生习作的可读性，教师可以通过句式练习来帮助学生掌握对句式的运用。具体来说，教师可以为学生进行示范，从而让他们体会句式的表达效果。此外，教师还可以组织学生进行讨论，使他们在讨论中相互交流认识，深化对英语句式的认识。

4. 结构

从结构上来看，好的文章应该达到语句和谐连贯、结构完整统一的效果。此外，在布局谋篇上还应实现语句与文体、主题、题材的统一。

（1）和谐连贯。和谐连贯是一篇好文章的必备条件。所以，教师应对逻辑性与连贯性给予充分重视。在具体的写作教学过程中，教师应引导学生对词汇与词汇之间、句子与句子之间、段落与段落之间的内在联系格外重视，从而使文章实现统一、和谐、自然、流畅的表达效果。

使用恰当的连接词和过渡词语是连贯统一的重要保障。例如：

表示让步的词语：though, although，even if。

表示并列的词语：and，also，or，likewise。

表示递进的词语：furthermore, once more, for another thing。

表示比较的词语：similarly, important, in the same way。

表示转折的词语：but，however，nevertheless，while，yet。

（2）完整统一。一篇好的文章应具有清晰的逻辑与条理的表达层次。因此，评价一篇文章优劣的重要标准之一就是看该文章是否完整统一。所谓完整统一，是指文章中所有的细节，如事实、原因、例子等都要围绕主题陈述和展开，所有的信息都要与主题相关，而所有脱离主题的信息都要删除，以保持文章段落的完整性。

（3）谋篇布局。所谓谋篇布局，就是根据不同的题材、体裁来确定篇章及段落的整体结构，并据此选择恰当的扩展模式，保证写作的顺利开展。在写作之前首先要谋篇布局，谋篇布局作为写作的起点，对写作有着至关重要的作用。具体来说，段落的大体结构是“主题句—扩展句—结论句”，篇章的大体结构是“引段—支撑段—结论段”。需要注意的是，谋篇布局并不是固定不变的，当题材和体裁不同时，文章的谋篇布局也会随之变化。

（二）大学英语写作教学的原则

英语写作教学源于写作实践，反过来又服务于写作教学实践。英语教师想要在写作教学过程中取得理想的教学效果，就要遵循如下几项原则：

1. 主体性原则

大学英语写作教学首先要明确学生的主体地位，尊重学生的主体性，以学生为中心展开教学活动。只有激发了学生的兴趣，提高学生的学习主动性，学生才能真正成为学习的主体。其中，小组讨论就是一种提高学生主动性的有效方式。在小组讨论时，教师可以采取多种方式，如采用提问法，也可以采用卷入式，如让学生集体回答问题等，还可以采用学生互助的方式。

因此，在写作教学过程中，教师应注意引导学生积极参与其中，发挥其学习的自主性，不断提高写作能力。这里需要注意的是，强调学生主体参与并不意味着学生可以独立写作，也不是对学生放任不管，而是注重学生在写作过程中可以参与写作的全过程，包括提纲的拟定、资料的收集、信息的处理、谋篇布局、初稿的修改与完善等。

2. 综合性原则

听、说、读、写四项基本技能相互影响、相互促进。写作并不只是单纯地写，而要与听、说、读紧密结合起来，只有这样，写作课堂才会更加生动，学生写作水平的提高才会更有效。因此，英语写作教学还应遵循综合性原则。写作可以作为听、说和阅读的后续活动，也可以作为对听、说与阅读材料的应用。

3. 对比性原则

对比性原则要求教师在写作教学过程中要注意向学生传授母语与英语之间各自的特点及二者的差别，为写作奠定基础。有很多学生虽然具备了较好的中文写作能力，但在英语写作中用英语解码与编码的能力并不完善，容易将中文写作习惯机械地迁移到英语写作中去，这样写出的作文就有很明显的中式英语的问题。

因此，教师在教学实践中应善于对英汉两种语言与文化进行对比分析，引导学生了解这两种语言在构词、造句、谋篇及思维方式等方面的差异，使学生在写作时使用地道的语言，采用英语思维，提高写作质量。

4. 多样性原则

在写作教学过程中，教师应遵循多样性原则。一方面，多样性原则指的是采取多种多样的训练形式。具体来说，教师可以引导学生采取扩写、缩写、改写、仿写、情景作文等练习，通过多种训练方式使学生不断掌握写作的技巧；另一方面，多样性原则指教师引导学生在写作时采取多种多样的表达方式。多样化的表达既可以弥补学生在语言知识方面的不足，又可以提高学生灵活运用语言的能力。

二、互联网 + 视域下大学英语写作教学的方法

互联网 + 视域下的大学英语写作教学有助于激发学生的写作欲望，让学生快速掌握写作方法，规范自己的写作语言，从而完成写作学习。因此，互联网 + 视域下的相关技术是大学英语写作教学的重要拓展手段。下面就来探究互联网 + 视域下大学英语写作教学的方法。

（一）利用计算机文字处理程序辅助大学英语写作

利用计算机文字处理程序辅助大学英语写作，代替原有写作形式。

第一，计算机文字处理程序具备对标点、拼写、大写、小写等进行检测的功能，因此为学生提供了十分便利的工具。

第二，“拼写与语法”功能能够使学生降低拼写错误，并查出一些简单文法上出现的错误。

第三，“编辑”功能使句子段落的连接、组织、转移等变得轻松，写作者可以通过添加、剪切等手段来修改文章。

第四，有的计算机文字处理程序还带有词典，因此学生可以迅速查询词的意义和用法。

总之，计算机文字处理程序的功能在一定程度上减少了写作的重复劳动，节约了很多时间，因此学生能够花费更多的精力在写作上，增强了他们对写作的兴趣和积极性。

（二）倡导学生运用互联网技术支持英语写作

互联网技术的出现打破了时空的限制，实现了资源共享，是对英语教学资源的补充。将互联网技术引入大学英语写作教学中，让学生上网搜索相关信息，进而对检索的信息进行分析和探讨，最终将自己的见解表达出来，完成写作。

现代大学生都十分热爱上网，教师充分发挥指导作用，可以利用网络资源来增强学生进行英语写作的机会，激发学生的学习兴趣，教师也需要经常对学生给予指导与监督，形成一种交流的氛围。

（三）利用 E-mail 辅助大学英语写作教学

利用 E-mail 辅助大学英语写作教学，加强师生间、生生间的交流。E-mail 对于大学英语写作教学来说，是一个十分有利的助手，其有助于加强师生间、生生间、学生与网友间的交流。

在写作过程中，学生将自己的稿件利用 E-mail 发给教师或同学，然后教师和其他同学对这篇文章进行修改，并提出意见，最后该学生对自己的文章重新进行整理。另外，教师鼓励学生找一些国外的学生用 E-mail 进行交流，了解不同国家人们的生活、学习、旅游、家庭、毕业动向等情况，通过这些学生感兴趣的话题，有助于提升学生的写作热情，进而提升自己的写作水平。

第五节　互联网 + 视域下大学英语翻译教学

翻译教学主要是为了培养高素质的翻译人才。然而，在当前背景下，传统的大学英语翻译教学已然不适应当前社会的要求，而将互联网技术引入大学英语翻译教学中是正确的选择。本节就来探讨互联网 + 视域下大学英语翻译教学。

一、大学英语翻译教学简述

（一）大学英语翻译教学的由来

一般来说，大学英语翻译教学的内容主要涉及以下三个方面：

1. 翻译基础理论

翻译工具书的类别与运用方法、翻译的过程、翻译的标准、翻译对译者素质的要求、翻译理论、翻译历史等翻译理论知识是大学英语翻译教学的重要内容，有利于学生建立翻译的基本框架、树立对翻译的基本认识。

2. 英汉语言对比

教师应从语义、词法、句法、文体、篇章及思维、文化等层面为学生讲解英汉语言的区别。这部分内容可以较为完整地揭示出两种语言的异同，对于保障翻译质量大有裨益。

3. 常用的翻译技巧

一名合格的译员不仅应具备一定的翻译知识，还应掌握一定的翻译技巧，这对于提升翻译效率具有重要意义。因此，音译法、意译法、直译法、正译法、反译法、增译法、省译法等翻译技巧应成为大学英语翻译教学的重要组成部分。此外，在适当的时候，教师还可以为学生补充词性的改变、句子语用功能的再现等内容。

（二）大学英语翻译教学的原则

为了有计划、有目的、有层次地进行大学英语翻译教学，教师应该在教学目标的基础上遵循一定的教学原则。只有在教学原则的指导下，才能实现翻译教学的有效性。

1. 实践性原则

翻译教学应遵循实践性原则。教师可以在条件允许的情况下，尽可能多地给学生提供翻译实践的机会，如到翻译公司进行真实情境的翻译实践，使学生切实体验实际的翻译过程，了解社会实际的需要。这不仅可以激发学生的学习兴趣，提高学生学习的积极性与自主性，还能为学生日后走向社会、适应社会提供知识方面的准备，使学生更快地融入社会。

2. 精讲多练原则

大学阶段的翻译教学主要是技能教学，即教师传授技能与学生掌握技能。如果采用传统的教学模式，先灌输后练习，会让学生感觉翻译教学枯燥乏味，不利于教学目标的实现。因此，在翻译教学过程中，教师应注重将技能的讲解与学生的练习紧密结合在一起，同时要以练习为基础加以总结。

在练习之前，教师首先可以介绍一些翻译技巧，再让学生做翻译练习。在练习结束之后，教师还应对学生的练习进行讲评。教师在讲评时不应只是直接将参考译文呈现给学生，也不能仅仅是针对某一练习材料的内容，而应通过对学生在翻译过程中出现的问题进行分析，引导他们进行思考、总结，培养学生举一反三的能力。此外，还可以通过对原文材料进行系统的分析，归纳练习中的知识点，总结问题，从而上升为理论。只有这样，学生才能真正掌握翻译技能。

学生翻译技能的提高是在实践中经过长期的积累不断实现的。学生只有进行大量的练习，在练习过程中去感受、去思考，积极寻找解决问题的方法，进而将自己思考的结果与已有的感性经验上升为理论。只有经过反复的实践、思考、总结，学生分析问题、解决问题的能力才能逐渐提高，翻译能力也会相应提高。这就要求教师应注重对学生翻译的过程进行关注，帮助、启发、训练并鼓励学生在翻译的过程中解决遇到的各种问题。这对学生自主学习能力、创新能力的培养具有积极的促进作用，同时为今后的翻译实践奠定了基础。

3. 循序渐进原则

大学英语翻译教学也应遵循由浅入深、循序渐进的原则。在教学实践中，教师在选择语篇练习时应由易到难：就篇章的内容而言，首先应选择学生最熟悉的内容；就题材而言，应从学生最了解的题材开始；就原文语言而言，应从最浅显的开始，逐步过渡到难度较高的语言。教学活动只有由浅入深、一步一个脚印，才能不断提高学生学习的信心，逐渐培养学生学习的兴趣，从而有利于学生综合能力的提高。

4. 培养翻译能力与翻译批评能力相结合原则

翻译教学除了要培养学生的翻译能力，还不能忽视培养学生的翻译批评能力。翻译批评能力指的是对其他人的译作进行客观评价的能力，既要评价译作的优点，也要指出其中的缺点，对错误之处进行修正。教师应不断引导学生学会对其他人的译作进行评价、批评，这样可以使学生学习他人的优点，并进行自我反思，在以后的翻译中避免他人犯过的错误，从而不断提高自己的翻译水平。

5. 翻译速度与翻译质量相结合原则

大学英语翻译教学的目标是培养学生的翻译能力，这既要求学生掌握相关的翻译技巧，同时又要求学生提高翻译速度。在实际的翻译活动中，经常出现催稿很急的情况，如果学生的翻译速度太慢，就可能会影响翻译任务的完成。由此可见，提高学生的翻译速度也应是翻译教学中的一项重要内容。

在翻译教学实践中，教师在课堂教学中应要求学生限时完成翻译练习。除此之外，学生在做课后练习时，教师最好也要求学生在一个规定的时间中完成。长此以往，学生就会学会合理地安排时间，培养速度意识。

二、互联网 + 视域下大学英语翻译教学的方法

在互联网 + 视域下开展大学英语翻译教学，有助于培养学生的英汉双语翻译能力，从而获得最佳的学习效果。在具体的实施上，教师可以从以下几点着手：

（一）展开翻译课堂教学，增加英语习得

各大高等院校可以直接使用与教材相匹配的多媒体教学光盘，但是由于各大高校的设备资源情况不同，且配套的光盘大多是缺乏系统性的翻译教学内容，因此教师需要根据不同的情况来制作多媒体课件。也就是说，多媒体课件的制作需要建立在教学过程、教学目标、教材内容、教学媒体的基础上，坚持互动性原则，以提升学生的自主学习能力，确保不同层次的学生在翻译能力上都能够得到提高。

据此，在开展翻译课堂教学之前，教师设计的翻译教学模块需要利用声音、图片、动画等刺激学生的大脑，使学生难以理解的翻译理论变得更为生动、有趣。在具体的翻译课堂教学中，教师既要对英汉互译的技巧进行分析和总结，还需要补充相应的中西方文化知识，使学生能够系统掌握基本的翻译常识。

虽然这样的教学模式还是按照译例分析—课堂翻译—课后练习的方式，但是其内容和形式与传统的翻译教学大不相同。

第一，内容上是针对不同层次的学生展开的，在课堂上由教师指导和学生自主选择，这有利于改善课堂教学的氛围。

第二，形式上不再是单调的板书形式，而是以媒体形式呈现，不仅节省了时间，还便于进行分级教学。

（二）扩大课堂信息量，克服课堂教学的局限性

课堂教学的课时是有限的，因此需要利用校园网来扩大课堂信息量，从而克服课堂教学的某些弊端。在具体的教学中，教师应以学生为中心，以互联网为手段，降低学生的焦躁情绪，缓解学生的紧张心理。同时，为了弥补课时的不足，教师可以将课堂上未叙述详细的翻译模块放在网络上，让学生自主选择学习。

此外，教师要有计划地增大难度，加强学生对跨文化交际、英美文化的了解，开拓学生的眼界。大学生通过校园网对中英文文章进行阅读，自行进行翻译，与优秀译文进行对比并探讨，最终仿照原文写作形式来提高自己的翻译水平。

在练习的过程中，学生可以从自己的专业和兴趣出发。如果学生学的是医学

专业，那么他们可以选择医学材料进行翻译练习；如果学生学的是旅游专业，那么他们可以选择旅游材料进行翻译练习。

（三）制作教学课件，建立翻译素材库

互联网课件是一种新的模式，它的制作光靠个别教师是很难完成的，且教师自身的知识结构、时间资源等也都是非常有限的，因此新模式更强调资源共享、集体备课。制作教学课件，建立翻译素材库，教师应该注意如下几点：

第一，在翻译教学内容上，教师除了注重精讲，还需要注意多练。翻译毕竟属于大学英语教学的一部分，因此不可能占据多余的课时。这就要求教师应该从教学大纲出发，通过集体讨论对精讲的翻译理论和技巧进行确定，为教师提供一个框架。

同时，教师要根据自己的情况进行局部的更改和发挥。另外，在具体的实践中，教师设计的翻译练习要保证题材、体裁多样，难度要适中，并能够及时做到调整和更新。

第二，在翻译教学方法上，教师应该注意课堂与课外相结合。在传统的翻译教学模式中，往往教师讲得比较多，学生练习的机会少，学生是被动的，这就导致学生很难有兴趣去了解翻译技巧，所以课堂内的讲练结合是十分必要的。在练习的基础上，教师对学生给予一些指导性的意见，引导学生归纳翻译技巧和方法。

第三，在翻译教学建设上，要及时补充，更新翻译素材库。从具体的、大量的教学实践中归纳出理论，然后将这些上升为理性认识，反过来对实践进行指导。翻译素材也要与时势相符，要反映当代社会的各个层面，其难度要体现层次性。教师也要发挥主观能动作用，不断地扩充素材库。

第七章　互联网 + 视域下大学英语自主学习监控理论

第一节　互联网 + 视域下大学英语自主学习监控

一、学习监控的定义及特征

关于什么是“监控”？《现代汉语词典》的定义有两层意思：监测和控制（机器、仪表的工作状态等）；监督与控制。在英语里，对应的词是“monitor”，《牛津英语大词典》给予“monitor”三种不同的释意：check or regulate the technical quality of（a radio transmission, television signal）;listen to and report on（radio broadcasts, telephone conversations, etc）; observe, supervise. Keep under review, measure or test at interval, esp. for the purpose of regulation or control. 在《辞海》的解释中，“监控是用来提高可靠性、在发生故障时自动保持正常工作的方式”。董奇等也给“监控”下了定义：“所谓监控，顾名思义，‘监’是监视、监督、监察、反馈的意思，‘控’则是控制、指挥、调节、调整的意思。二者结合起来，‘监控’的含义是给予监视反馈并予以控制调节。”对学习的反馈就是对学生的学习进行引导并给予客观评价的一种方式，因此，学习反馈也是属于监控的范围。

如果从现代信息科学的角度来看，监控指的是通过检查、考核、评比、总结等形式和手段，及时收集关于被监控主体活动进展的种种信息，按照计划规定的目标、政策、原则等。学习监控是指为了保证学习的成果、提高学习效率和质量、达到学习目的，从而对学生的学习活动进行的计划、检查、评价、反馈、控制和调节的一系列过程。

从哲学角度来看，人的认识和实践活动都是由主体和客体共同构成的。主体是指人与周围世界相互作用过程中的社会实践者及行为的主动发起者、改造者和控制者。在客观实践活动中，社会实践活动的主体不可能独立存在，而是与认知和实践的对象客体同时存在的。客体指的是主体实践活动指向的对象，是纳入主体活动范围、结构，从而与主体发生现实关系的客观存在。监控作为人类认知的一种智能活动也是由主体和客体共同构成的。实施监控的就是监控主体，监控的主体是控制者，被监控的对象就是监控客体，是被控制和被改造的对象。

自主学习监控是一种智能活动，它的监控对象是学习者的意识活动。这种监控对象具有特殊性，主要表现在两个方面：一是监控对象具有能动性。由于在自主学习过程中，监控的对象是学习者，他们是具有能动性的，而且这种能动性并不因为他们作为监控的对象而消失或改变。相反，这种能动性对监控的主体教师或其他对象产生影响；二是监控对象主客体地位可以相互转换。学生作为监控的客体地位并非是一成不变的，而是随着时间的推移，在条件成熟时，可实现主客体地位的互换。由外部监控（他控）转变为自我监控（或自控）是学生自我发展的规律之一。当学生的学习活动逐渐由他控转变为自控时，学生就变成了监控的主体。人的自我监控能力的发展要经历一个多维动态的发展过程，一般来说，这个过程通常会经由他控到自控，由不自觉到自觉、由单维到多维、由局部监控到整体监控的过程。这样的一个动态发展规律是由自我监控的本质和学生的身心发展规律决定的。

互联网+视域下大学英语自主学习监控就是指为了提高大学英语学习效果、达到大学英语学习目标、保证学习成功，在外语学习活动的全过程中，将正在进行的学习活动作为意识对象，不断地对其进行的积极的、自觉的计划、监察、检查、评价、反馈、控制和调节。

大学英语自主学习监控按学习活动发生的先后顺序可以分为以下三种：一是学习前的监控。

指的是在学习活动开始前，分析英语学习任务与环境条件、确立学习目标，并据此安排学习步骤和选择学习方法；二是学习中的监控。指在自主学习活动中，监控英语自主学习进程，反馈和调整学习行为；三是学习后的监控。指在学习活动结束之际，检查、评价学习效果，并通过反思采取相应的补救措施；在学习活动结束后，则对英语学习活动进行总结性分析与评价，并作为今后学习活动的基础。

大学英语自主学习监控，按其监控的不同维度可以分为五种：一是对学习目标与计划的监控；二是对学习内容的监控；三是对学习时间的监控；四是对学习过程的监控；五是对学习结果的评价、反思与总结。

二、自主学习监控路径

大学英语自主学习的监控，按其监控路径及监控的主客体是否同一，可以将学习监控分为内部监控和外部监控两种。其中，内部监控也可以叫作自我监控，主要是指学习者以自己正在进行的学习活动为意识对象，不断对其进行监控和调节的活动，包括对自身学习活动的计划、监察、检查、评价、反馈、控制、调节等一系列过程。而外部监控则是指教育管理者、教师或学习同伴通过一些传统评价手段或网络媒介及技术平台所进行的监控活动，如通过对学习情况的评价、反馈、调节、强化等手段来影响学习者的学习过程，从而促使其进行有效监控的学习。在自主学习监控过程中，内部监控（即内控）是监控的内在动力与监控主体，外部监控则必须通过培养学习者的自我监控意识和监控能力才能发挥作用。外部监控可以促进学生内部监控能力的提升，但真正起关键作用的还是学习者的自我监控。没有外部监控，学生的内部监控难以产生最大效益；但离开了内部监控，外部监控的促进作用也难以产生。因此，只有内外监控相互作用，才能共同促进学习者自主学习意识和自主学习能力的提升。

（一）内部监控（内控）

内部监控也叫内控或自我监控，主要是指监控的主体和监控对象为同一个体的监控。在自我监控过程中，学生是监控的主体。学生的自我监控本质上是一种自我意识。自我意识是人对自身及对自己同客观世界关系的意识。自我意识是人的一种意识活动形式，也是人的心理区别于动物心理的一大特征。自我意识能反映个体自身的愿望、态度和能力的倾向，同时也能反映主客体之间的关系，发展其反映活动的能动性质，改善其同客观现实相互作用的地位，增强其改善客观世界的力量，从而使人类成为所生存其中的现实世界的主人。学生在自我监控过程中成为监控的主体必须有一定的先在条件：学生具有一定的自我意识；掌握了一定的自我监控知识，含元认知监控知识和认知监控知识；有一定的自我监控体验，对实际自我监控具有一定的理解和感情。

1. 自我监控的构成因素

张向葵分别从静态和动态的角度考察了自我监控的构成要素。

（1）从静态角度，分为自我监控知识、自我监控体验和实际自我监控。

一是自我监控知识。所谓自我监控知识，是指有关自我监控的知识与经验。学习者在自我监控过程中通常会思考以下几个问题：有哪些因素会影响人的实践过程与实践结果？这些因素是如何起作用的？诸因素之间有何相关关系？怎样才能控制和调节自己的学习活动？自我监控知识由三方面的知识构成：有关实践主体方面的知识，以及有关人（包括自己，也包括他人）、认识者、思维者和行动者的实践主体的一切特征的知识；有关实践材料和实践任务方面的知识；有关实践策略方面的知识。

二是自我监控体验。所谓自我监控体验，是指学习者在学习实践活动中所感知到的认知体验或情感体验，它既包括"知"的体验，也包括"不知"的体验。自我监控体验在所经历的时间上可长可短，在内容上则可繁可简。

三是实际自我监控。实际自我监控是指学习活动主体在进行学习实践活动的全过程中，将自己正在进行的学习实践活动作为意识对象，并不断地对其进行一系列积极的、自觉的监察、控制和调节的行为。实际自我监控贯穿于学习主体整个学习实践活动的始终，通常包括确立学习目标、制订学习计划、调控学习过程、检查与评价学习结果、采取补救措施等环节。

自主监控知识、自我监控体验及实际自我监控虽然各自的性质不同，且特征各异、但三者之间是互相依赖、互相关联和互相制约的，其中自我监控知识是学习者在学习实践活动中进行实际自我监控的基础与前提，有助于学习者在学习实践活动中对学习活动进行有效的监控和调节，如指导学习者自觉、有效地选择、评价与修正学习实践活动的行动目标和学习策略。作为情感因素的重要组成部分，自我监控体验对学习者的自我监控知识和实际自我监控也有着非常重要的推进作用。通过学习者的自我体验，学习者可以不断补充、删除或修改原有的自我监控知识，即通过建构主义理论所倡导的同化或顺应机制来发展与积累学习者的自我监控知识，在对学习者的学习实践活动的监控过程中，自我监控体验有助于人们重新确定学习目标，修改或放弃旧的目标。实际自我监控一方面通过自我监控知识、自我监控体验、实践目标和行动策略等的相互作用进行；另一方面，人们的自我监控知识又大多来自对实践活动进行监控、调节的过程。

（2）从动态角度，自我监控划分为三个阶段。

一是学习活动前的监控。这个阶段的监控主要是指学习者对自身学习活动的计划与准备。计划指学生在学习活动开始之前对自己即将开展的学习活动的计划与安排，如确定学习内容、设计学习方式、安排学习时间等；准备则指的是学生在学习活动开始之前为学习活动所做的各种各样具体的准备，如准备好学习用具、创设良好的学习环境、调节好学习情绪、备足学习精力等。

二是学习活动中的监控。这个阶段的监控主要涉及学习者的意识、选择与执行。所谓意识，是指学习者在学习活动过程中要确立明确的学习目标、学习对象和具体任务。所谓选择，指的是学生在课前预习、上课、作业、复习等学习活动中应该具备一些基本的策略意识，懂得怎样去选择并运用恰当的学习策略，即懂得认知策略和元认知策略的综合利用。所谓执行，指的是学习者在学习实践活动中能够控制自己并尽力去排除各种学习干扰因素，认真执行预先制订的学习计划，以确保学习实践活动的顺利进行。

三是学习活动后的监控。这个阶段的监控主要涉及对学习活动的反馈、补救、总结等措施。反馈指的是学习者在学习活动开始后对自己的学习状况及效果进行及时检查、客观反馈与评价。所谓补救，指的是学习者在学习活动开始后能根据学习反馈结果对自己所进行的学习活动采取一定的补救措施，如一旦学生发现某些学习内容学得不够好，就会多花时间去学并调整学习方法，直到学好为止。总结指的是学习者在学习活动结束后，能认真思考和总结学习的经验与教训，不断地修正及完善自己的学习方法和学习策略，使得自己的学习更加有效。

2. 自我监控的作用

（1）自我监控有助于学习效率的提升。

信息加工理论认为，学习过程实际上是信息加工的过程。依据信息加工理论，任何一个信息加工过程都是由动力系统、执行系统和监控系统三个系统构成的，学习过程就是一个信息加工过程，任何学习过程都有以上三个系统介入。在学习过程中，“执行控制”和“期望”最为重要。执行系统是学习过程的监控系统，“期望”是学习过程的动力系统。监控系统对整个操作过程进行监视与调控，以保证信息加工的正常进行。在监控系统中，最重要的成分就是学习者的自我监控。自我监控的发展水平可以直接制约一个人的智力活动，同时也反映一个人的思维能力和智力水平的高低。在学习活动前，学生可以根据不同的学习阶段设定合理的学习目标。在学习活动中，学生则根据学习活动的要求，制订科学合理的学习计划，选择合适的学习策略，实时监控学习过程，评价学习效果，并坚持或及时调整学习方法，使得学习效果更佳。学习能力强的学生对学习的自我监控水平一般都较高，也就是说，学习能力强的学生通常具有较多的有关学习、学习情景和学习策略等方面的知识，他们比较善于制订计划、监控自己的学习过程、评价学习结果，而且能够灵活地应用各种学习策略，最终实现特定的学习目标。

（2）自我监控有助于学习者个体的自我发展。

马斯洛（A. H. Maslow）的需求理论表明，人发展的最高境界是自我实现。张向葵认为，在学习者个体的自我发展过程中，自我监控是学习者个体自我发展和自我实现的基本前提和根本性保障。其原因主要体现在两个方面：一方面，学习者的自我监控作为一种高智能的意识活动，能够使学习者个体不断地对其学习实践活动进行自我反省，如果学习者个体具有一定的自我监控知识，积累了丰富的自我监控体验并具备自我监控的能力，就能够积极主动地对自己进行比较客观的自我审视和自我反省，制订个人的行动计划，而这些恰恰是个体自我发展、自我实现的前提；另一方面，学习者个体的自我监控能使其不断地进行自我调节和修正。在这种自我发展的过程中，有时候学习者个体所设定的目标与客观实际可能会因客观因素的影响而呈现不一致的情况，如果他们不能及时调整，那么毫无疑问会影响学习者个体的自我发展。在这种学习者个体的自我发展和自我实现过程中，无论是目标的设定、方向的确立、计划的制订与执行，还是具体行为、行动策略的选择、实施、调整等活动，都离不开学习者的自我监控，可以说，自我监控是学习者个体自我发展和自我实现的基本前提和根本保证。

在信息化和经济全球化的现代社会，学会认识自己仍然是人类共同面对的重大问题。因此，一个现代社会的学习者如果懂得了如何进行有效的自我监控，他自然就会清楚地知道如何确立合适的目标、如何选择实现目标的方法与策略，在学习过程中就会不断自省、反思、调整学习方法。在将来，他们就懂得如何对自己的人生进行合理规划，确定人生发展目标，设计实现目标的发展思路，并不断回顾所走的路程、总结经验教训，不断认识自我、改变自我，从而实现自我。可见，这种自我监控能力的发展会影响学习者未来的生活方式和生活态度，影响学习者个体的可持续发展。

3. 自我监控的模式与监控策略

张向葵认为，学生自我监控的操作主要研究两个问题：一是自我监控的基本操作模式，二是常用的自我监控方法。

（1）自我监控的基本操作模式。

龙君伟和徐美琴的研究表明，自我监控的基本操作模式有五个环节，即目标的设定、自我监督、目标的激活与运用、差异的发现与批判、自我调节，具体见表 7-1。

表7-1　自我监控操作模式的基本环节

基本环节	内涵
目标的设定	行为标准的确定
自我监督	对内部心理状态和操作的结果的检查

续 表

基本环节	内涵
目标的激活与运用	自我监督所获信息将会激活长时记忆中的具体标准
差异的发现与批判	学习者将激活的标准与当前操作状况加以比较，从而发现二者之间的差异
自我调节	差异发现后，学习者将采取相应策略对学习策略加以调节，以使学习者的学习符合标准

（2）常用的自我监控方法。

林晓新和冯震总结国内外相关研究资料，提出了十种自我监控方法，具体见表 7–2。

表7–2　十种自我监控方法

监控方法	内涵
确立目标和制订计划	包括学业总目标和子目标的确定，以及与这些目标有关的程序排列、时间安排和具体行动
主动寻求知识	在完成学习任务过程中，努力寻找与任务有关的知识
记录与监督	学生主动记录学习内容或结果
联系和记忆	学生有意识、自觉地联系并记忆学习材料
自我检查与评价	学生对自己学习的过程或质量进行检查和评价
寻求他人帮助	学生有意识地寻求同学、教师或他人的帮助
自我预测学习结果	学生对自己完成的作业进行自我评分，然后对照正确答案，思考产生错误的原因
自我奖惩	学生有计划地对自己学业成绩的优劣进行自我奖惩
组织和转换	学生有意识地对学习材料重新安排，以有利于自己对材料和内容的理解和记忆
安排学习环境	学生有意识地选择和安排学习环境

4. 自我监控能力的形成

自我监控作为一种智力活动和学习能力，有其内在的发展规律。根据董奇等的研究，学生自我监控能力的发展具有从他控到自控，从不自觉、自觉到自动化，从单维到多维的规律。

（1）从他控到自控。

所谓他控，是指学习实践活动由他人（如任课教师、班主任、辅导员等）来调节管理；所谓自控，则指的是学习实践活动由学习者个体来调节和管理。有关研究者观察发现，在现实的学习实践活动中，在学习者未能形成有效的自我监控能力之前，他们的学习活动通常是在老师、父母的直接指导与监督下完成的。在大多数情况下，学生只是按照老师或家长的要求机械地完成各项学习任务，调整其学习计划及学习实践活动，这个阶段的学习属于他控范畴。但随着学习者个体自身的认知水平的提高和学习经验的不断积累、良好学习习惯的养成，学习者会自觉或不自觉地对自己的学习活动进行主动监督和控制，学会如何制订学习计划、监控其学习过程、反思自己的学习结果等，这时，外界的指导和监督作用逐渐退居到辅助位置，而学习者在自我监控中逐渐发挥其主观能动性，在学习活动中起主要作用与积极作用。

（2）从不自觉、自觉到自动化。

学生自我监控能力形成的第二种特征是从不自觉、自觉再到自动化的状态。在开始阶段，由于学生尚不具备自我监控能力，他们的学习通常表现出很大的随意性，即使他想尝试进行自我监控，也会由于意识力薄弱、注意力不集中等因素而难以有效调节和控制自己的学习。这个阶段的学习是随意的、不自觉的；但随着学生身心的发展和学习经验的积累，其自我监控策略运用的自觉性不断增强。在学习实践活动中，学习者个体开始学会主动地、有意识地进行监控活动，关注自己学习的进展情况，能借助反思结果调整学习进度和学习方法，进行自觉的自我监控活动。这个时期的自我监控水平处于一种不成熟和不完美的状态。经过多次反复实践，学生的自我监控水平会达到一种娴熟状态，最后达到自动化。张向葵认为，一个人自我监控策略运用达到自动化的标志体现在两个方面：一是几乎不需要有意识地选择和努力，或只需做很少的努力，就能自然而然地进行自我反馈和调控；二是整个自我监控过程极为便捷，没有或极少有多余的步骤和环节。

（3）从单维到多维。

在自我监控的初级阶段，由于学生年龄太小，认识发展水平比较低，学习者只能对学习中的某一面、某一个单一环节进行监督、控制与调节。可是，随着年龄的增长，学习者心智发展逐渐成熟，学生的注意分配能力和认识水平逐渐提高，学生的自我监控逐渐从对单一项目和环节的监控，转向多方面和多环节的监控。他们既能关注认知结果，又能关注认知过程，即充分调动各种积极的情感因素，也就是非智力因素。

（二）外部监控（他控）

外部监控也叫他控，是指学习实践活动由他人（如任课教师、班主任、辅导员等）来进行调节管理。学习实践活动中的外部监控，既可以指教学管理部门、教学督导通过一系列规章制度和教学管理程序对学生学习活动的干预、管理与约束；也可以指教师、班主任、辅导员对学生学习实践活动的调节、干预与管理；还可以指在网络环境下，利用网络技术平台进行的学习过程、学习事件的监督与管理。在外部监控各组成元素中，教师监控是核心力量。教师监控可以促进学生自我监控能力的发展，可以使学习监控由他控向自控转变、可以促进学生的学习实践活动由消极被监控到主动自我监控的转变。

1. 教师监控的角色功能

教师在学习实践活动中的监控功能主要由其在教学实践活动中的角色而定。张向葵的研究表明，教师在教学实践活动中具备以下三种功能：

（1）学习实践活动中的“规划人”。

教育学领域的大量研究表明，在教学实践活动中有效的计划与组织至关重要。教师要全面监控学习实践活动的进程，首先要由单纯的课程计划执行者转变为学习实践活动的组织者和设计者。因此要求教师必须具有以下几种基本能力：挖掘和运用教学资源的能力；确定教学目标的能力；熟练使用各种教学策略的能力；创建民主和谐教学氛围的能力；良好的与学生沟通交流的能力。

（2）学习实践活动中的“对话人”。

教学过程中互动交流是教学实践活动的灵魂，包括师生互动、生生互动及互联网 + 环境下的人机互动。教师在教学实践活动中扮演的是“对话人”的角色。在教与学的学习实践活动中，教师必须要精心设计各种交际互动活动，并积极参与和学生的互动交流，这就要求教师必须了解自己和学生，并熟悉各学习者个体不同的交流风格，见表 7–3。

表7–3　交流风格分类表

交流风格类型	特 征
封闭性风格	总是藏在别人后面，不喜欢与他人接触，很少自我表露或给出反馈，自信心很低，很少担任领导职务

续 表

交流风格类型	特 征
盲目性风格	过于自信，傲慢自大，认为自己的办法总是正确的；喜欢与他人共处，但说话多于倾听；忠诚、有序、可依赖、乐于助人、不怕权威
隐蔽性风格	不会表露，常常把自己的意见、观点和感情都隐藏在心里；喜欢与人互动，常常是好听众，但容易赞同别人
开放性风格	真正的喜欢和尊重他人；在发出和接受反馈时更为灵活，比较受人喜爱，富有生产性，乐于接受批评，积极听取他人的发言；在与他人交流时显得言辞自由、随便，但如果时间或空间受到限制，就会感到不适应

（3）课堂环境中的“监护人”。

学习实践活动能否顺利进行，与严格的班级管理、良好的纪律及民主和谐的环境密切相关。一个教师如果想成为优秀的课堂教学及课外自主学习的监护人，必须具有较强的教学活动设计及管理的能力。张向葵认为，一名优秀的“监护人”应该能做到：建立稳定的班级管理平台；形成明确的班级管理规则；建立严格的纪律约束与干预措施；创建有效的奖励机制；营造宽松和谐的班级氛围。

2. 教师监控能力的构成

教师监控能力是指教师为了保证课堂教学达到预期目的，在教学过程中将教学活动本身作为意识对象，不断对其进行积极主动的计划、检查、评价、反馈、控制和调节，教师监控能力表现出五个方面的特征：自主与能动性、评价与反馈性、调节与矫正性、普遍与灵活性、优化与协调性。自主学习中教师监控则主要指教师为保证自主学习效果，以学生为意识对象，对其自主学习活动采取的一系列积极干预措施，包括对学习者学习目标的引导、学习计划的制订、学习过程的管理、学习策略的训练、学习结果的合理评估等内容。

教师的教学监控是课堂教学及课后学生自主学习的核心力量，没有教师的监控及积极适度的干预，学生在学习过程中会感到茫然，学习效果自然无法得到保证。实际上，教师的教学行为是其教学监控能力的外化。申继亮、辛淘等的研究表明，教师的心理状态、知识储备及知识重组能力之间相互作用，共同构成了教师监控能力的运行机制。

从教师监控对象的性质来看，教师教学监控能力可以分为自我指向型和任务指向型两种。二者是相互作用、相互影响的。一方面，自我指向型教学监控能力会直接影响教师的教学态度、努力程度，以及对教学效果的情绪反应，同时也会间接影响教师对整体教学计划的制订、教学材料的使用、教学模式与方法的选用及教学效果的评价与补救等。另一方面，任务指向型教学监控能力不仅直接作用于教师教学能力的具体过程，而且对教师的教学观念、教学积极性等也存在间接的影响，从而影响自我指向型教学能力。从教学监控的作用范围来看，教师教学监控能力可以分为一般型和特殊型两种类型；从教学监控的发生过程来看，教师监控能力分为自我检查能力、自我矫正和自我强化各种不同类型的能力；从教学监控的表现形式来看，教师的教学监控能力包括学习活动的计划与准备、课堂活动的组织与管理、教材的呈现、言语和非言语的沟通、评估学生的进步、反省和评价等不同过程中展现的能力。

三、大学生英语学习的特点

庞维国从大学生心理特点和自主学习两个方面对大学生英语学习特点进行了详细分析。其研究结果可以概括为如下几个方面：

（一）大学生的心理特点

1. 大学生认知发展特点

进入大学阶段，学生的心理逐渐成熟，尤其是认知发展水平达到一定的成熟水平。按照皮亚杰的认知发展阶段理论，大学生的认知发展处于形式运算阶段，处于这一阶段的学习者个体的思维具有三个明显特征：一是假设、演绎推理，其特点是先对所面临的问题情境提出一系列假设，然后对假设进行检验，从而得出答案；二是命题推理，这种推理的特点是不一定按照现实的或具体的资料做依据，只需凭借一个命题便可以进行推理；三是组合推理，这种推理的特点是面对由多种因素形成的复杂问题情境时，可以根据问题的条件提出假设，有计划地组合某些因素，从而在系统中获得正确答案。在大学生的专业学习活动中，这些思维形式是极为重要的。

2. 大学生的自我发展

大学生活是学习者个体一生中极为重要的发展期。处于青春期的大学生个体，在个性发展上处于自我统合与角色混乱阶段。所谓的自我统合，是指个体尝试把与自己有关的多个方面整合起来，形成一个自己觉得协调一致的整体自我。当自我统合形成之后、个体在自我发展上就达到了成熟阶段，就会有明确的自我概念和自我追求的方向。对于青年的成长来说，自我统合过程是一种挑战。如果个体不能实现自我统合，就容易缺乏生活目的、迷失方向而处于一种角色混乱状态。从大学生的自我发展阶段来看，随着时间的推移，他们的自我界限逐渐明显，自我力量和自我意识也逐渐增强。自我成了决定其认知发展过程、速度、质量的核心力量。正是这种日益成熟、不断完善的自我，引导个体不断学习、提高、超越自己。从心理发展角度来看，大学生的自我已成为其发展的主体和主要执行者与监控者。

（二）大学生的自主学习

1. 自主学习的哲学含义

从哲学层面来看，学习者的自主性具有丰富的哲学含义。这种哲学意义上的自主性主要表现为一个人在学习活动中展现出的自主性和能动性，这可以从马克思主义哲学中找到科学依据。列宁认为，人作为一种对象性存在物，对自然界、外部感性世界必然具有依赖性。但人并不是消极地依赖自然界、外部感性世界的恩赐来保证自己的生存和发展，而是在自觉意识到这种依赖的前提下，“决心以自己的行动来改变世界”。马克思和恩格斯认为，个人在客观实践活动中是否具有自主性，与其活动的性质有密切关系，这种自主性主要取决于两个条件：一是取决于个人与活动客体关系的性质。个人的自主性在这里表现为，人是客体的支配者和控制者而成为主体，能够“根据对自然界的必然性的认识，来支配我们自己和外部世界”；二是取决于人能否成为自己活动的主人。在此表现为，个人能以自己的思维来支配自己的行为，去认知和改造自己的客体，而不是盲目地顺从他人的意愿，同时还能够进行自觉的自我调节和自我控制，而不是自以为是、自行其是，这就是所谓的个人自主性。自主有两个尺度：第一个尺度是描述个体的客观情况、生活环境，是相对于外部强迫和外部控制的独立、自由、自决和自主支配生活的权利与可能；第二个尺度是对主观现实而言。是能够合理地利用自己的选择权利，有明确目标，坚忍不拔和有进取心。自主的人能够认识并善于确定自己的目标，不仅能够成功地控制外部环境，而且能够控制自己的冲动。

自主性学习者具有能动性，所谓自主性学习者的能动性，就是指学习者个体能够自觉、主动、积极地去认识客体和改造客体，而不是被动地、消极地进行认识和实践。在学习者的这种认识活动过程中，个体的能动性主要体现在能主动的、积极的作用于认识客体所提供的信息上；在学习实践活动过程中，学习者个体的能动性则具体体现在学习实践过程中的计划、组织、管理、调控等方面，它能使学习者个体的学习实践活动具有更强的目的性、方向性和程序性。

2. 自主学习的特征

由于对自主学习的理论立场和内涵理解的不同，国内外不同理论流派的学者对自主学习特征的描述各不相同。

奥尔德曼（M. Alderman）对自主学习特征的表述体现在七个方面：对自己学业成败的归因能作出合乎逻辑的表述，对自己的学习具有很强的自我负责精神；具有强烈的学业自信心；始终坚信只要不断努力就会取得成功；能够设置有效的学习目标；能积极考虑未来；拥有丰富的学习策略知识，能够监视、控制、调节自己的学习过程；能够有效地管理和使用自己的学习时间与资源。

宾特里奇（P. R. Pintrich）将自主学习者的特征概括为四种：对他人提供给自己的信息作出更为积极的反应，在学习过程中积极主动地树立学习目标、选用学习策略等；能够正确看待由个体差异、情景、生理等给自己带来的局限，并不断监控和调节自己的学习行为；能根据学习目标和标准来评估自己的学习效果，必要时会对学习目标和标准进行适当的调整；能够利用自我调节过程，来调节外部情景和自身特征所产生的影响，以便于提高学业成绩，改善自己的学习表现。

我国外语界学者束定芳认为，自主学习内涵应该包括三个方面的内容：一是态度，指学习者自愿采取的一种积极对待自己的学习的态度，即对自己的学习认真负责并积极地投身于学习实践活动；二是能力，学习者应该培养这种学习能力和学习策略，以便能够独立完成学习任务；三是环境，学习者应该被给予大量的机会去锻炼自己学习的能力。

庞维国认为，自主学习具有能动性、独立性、有效性及相对性特征。一是自主学习的能动性，就是指自主学习是有别于其他各种形式的他主学习，指学生积极、主动、自觉地从事和管理自己的学习活动，而不是在外界的各种压力和教师及父母的要求下被动地从事学习活动，或需要外界来管理自己的学习活动。这种自觉学习、自我调节学习的最基本的要求是学习主体的能动性。二是自主学习的独立性，是相对于依赖性而言的。自主学习是把学习建立在人的独立性的一面上，而他主学习是把学习建立在人的依赖性的一面上。自主学习要求学生在学习的各个方面和整个过程中尽可能摆脱对教师或他人的依赖，由自己作出选择和控制，独立开展学习活动。三是自主学习的有效性，是指由于自主学习的出发点和目的是尽量协调好自己学习系统中各种因素的作用，使它们发挥出最佳效果，所以自主学习在某种意义上来讲，就是学习者采取各种调控措施来使自己的学习达到最优化的过程。一般来说，学习者的学习自主水平越高，学习的过程就会越优化，学习效果也就会越好。四是自主学习的相对性，意思是说自主学习并不是绝对的。

就现实情况而言，绝对自主或绝对不自主的学习都比较少，大多数学生的学习是介于这两极之间的。学生们在学习的某些方面可能是自主的，而在另一方面可能是不自主的。这是因为，对所有在校大学生而言，他们在学习的很多方面，如学习时间、学习地点、学习内容等，都不可能完全自主决定，也不可能完全摆脱对教师的依赖。因此要分清楚学生学习哪些方面是自主的、哪些方面是不自主的非常重要。

3. 大学生的自主学习特征

大学生们由于其心理与生理的逐渐发展成熟，常常会将个人学习与职业规划相联系，学生的学习预期、自我效能感会逐渐增强，同时对自主学习的意识和敏感度也会逐渐增强，并在老师的介入和引导下，能有效地学会并使用一些学习策略。因此，理想化的大学生自主学习除了具有能动性、独立性、有效性、相对性等普遍特征外，还具有学习目的明确性、学习策略使用的自主性、学习过程管理的主动性、学习效果评价的可操作性等特征。一个自主学习能力强的学生必定非常清楚自己的学习目标，能科学设置学习计划；通过运用相关学习策略，能主动地对自己的学习进行适时的调整、监控，并与同伴积极合作，多途径地对学习结果进行评估与检查。但由于绝对的学习自主是无法实现的，大学生的学习自主性会受到许多因素的影响，如学习者的态度、信念，以及学习动机、文化因素、教师的介入及环境因素的影响，所以对大学生的英语自主学习进行适当的干预非常必要，尤其是进行学习策略、元认知监控策略培训，激发学生自我调控的动机，提升自我调控能力，积极发挥教师的引导与支持作用，从而更充分地实现学习者的自主学习。

张殿玉认为，大学生自主学习具有以下特征：一是有效运用学习策略的能力随着大学生生理与心理的发育成熟，大学生对事物认知较之中学阶段已有了很大提高，具体表现为在学习过程中元认知和认知策略的应用能力的提升。但在大学英语学习过程中，由于学生对大学英语课程本身自然产生的生疏感及对预期学习目标和学习成果的不确定性导致学习信心不足，激发和培养大学生学习策略能力显得尤为重要，尤其是培养和提高学生的自我管理能力。因此，要培养大学生的自主学习能力和终身学习能力，加强策略培训，提高其有效使用学习策略的能力是关键。二是外部环境的重要性。教学环境是大学英语自主学习的重要物质条件，也是教育生态的重要生态因子，由教师、教室、网络教学平台等共同组成。在基于互联网 + 环境的大学英语自主学习过程中，教师不再是传统意义上的“传道授业解惑者”，而必须担任起建构主义所倡导的学习的“组织者”和“帮助者”等多种角色、帮助学生在环境的交互过程中进行知识的建构。同时在学习过程中，教师还要进行策略指导，负责学习过程的监督和学习结果的评价。现代网络技术的发展为大学英语学习提供了良好的物质条件，基于校园网的大学英语自主中心的建立使大学英语自主学习体现出了学习平台的立体化、学习资源的丰富性、学习活动的交互性、学习时间与地点的灵活性等特点。三是学习过程的互动性。语言的主要功能是交际，而交际是互动的。基于互联网＋环境的大学英语自主学习呈现出多维互动的特点，包括师生互动、生生互动和人机互动。自主学习并不是学生独立地、孤立地自我学习，而是在教师的指导下有意识、有目的、有计划的主动学习，学习的过程离不开教师的引导与帮助，也离不开同伴的协作、鼓励与支持。所以基于互联网＋环境的大学英语自主学习是一个多元互动的循环过程。

张新凤认为，大学生的自主学习有三个显著特征：一是自发的学习。自主学习者对于学习的选择是出于自身需要（包括生存的、兴趣的、希望被认可的需要等），因而呈现出主动介入的特征。二是自由的学习。自主学习者的整个学习过程完全根据学习者的需要进行安排、属性自主控制，不必顾及他人或群体的态度。三是自律的学习。自主学习者由于在学习中获得了主体需求和客体对象（包括学习目标、内容、形式等）的一致，所以既是学习目标的确立者又是学习计划的制订者和自我管理者，在学习过程中，约束和调整自己的学习行为，实现学习目标。

四、大学英语自主学习监控的现状与必要性

（一）大学英语自主学习监控的现状

我们在推行大学英语教学改革的实践过程中发现，有的学生对完全由自己占据主动的学习方法不太适应，因此很难自觉利用充足的网络资源进行有效的学习。同时，有些教师对基于网络的自主学习中自己应扮演的角色认识不清，因此不能给学生提供有效的指导。目前，我国大学英语自主学习的监控存在以下问题：

1. 教学观念影响着教师在自主学习中的角色定位

新的教学模式对教师的教学理念提出了全新的挑战，部分教师却有水土不服的现象，存在两种情形：一是控制课堂多年、颇有教学成就感的老师因突然感到重心的严重偏离而倍感失落；二是部分乐于接受新鲜事物的老师则走向另一个极端，充分放权给学生，顿觉压力大减而感到轻松无比，这些教师为了给学生充分的自主性，把自主学习理解为自由学习，其结果是放有余而收不足，或放而不收，忽视了教师作为自主学习活动中组织者、引导者和促进者的作用，最后导致许多

学生学习目标不明确；而且教学活动经常脱离主题，教与学效率低，造成教学资源和时间的极大浪费，严重影响了教学实效。

2. 传统教学模式根深蒂固，造成学生的不知所措

由于传统灌输式教学模式的影响，部分学生习惯被动地接受知识，因此他们不知道在网络环境下该如何开展英语自主学习，学生由于多年来形成的学习习惯和自我控制能力，远不能适应基于互联网+环境的个性化学习与个人发展要求。有的学生对个性化自主学习理解不够，自主学习策略知识欠缺，对基于互联网+环境的大学英语自主学习茫然不知所措，因此他们需要接受老师的指导。更重要的是，很多学生在个性化自主学习方面普遍缺乏恒心和毅力，自控能力不强，在没有外界压力的情况下，很难独立地完成自主学习任务。因此，网络环境下的大学英语教学要针对互联网+环境和英语学科的新特点，加强动机激发和意志力教育及学习策略的培训，尤其是加强自主学习策略方面的培训、强化自我管理，做好学习过程的形成性评估，帮助学生逐渐增强其学习意志力和自我控制与自我管理能力，这样才能真正培养学习者的自主学习能力，从而达到推进大学英语教学改革的目的。

3. 对教学监控认识不足

目前，高校英语教师对自主学习的监控状况不容乐观。下边是一组来自某高校英语自主学习监控现状的问卷调查。该问卷由两部分组成：第一部分为被调查者（大学英语教师）的个人简况（包括性别、年龄、学历学位及从事大学英语教学的年限等信息）；第二部分是关于大学英语自主学习监控现状的调查，由22个问题组成，内容涉及对大学英语自主学习监控的认知、态度、监控策略、监控时间、监控满意度、监控的障碍等方面。这个调查共发放问卷260份，回收问卷211份。通过问卷发现目前大学英语自主学习监控存在以下几个方面的问题：

（1）对自主学习监控认识不足。

尽管大部分老师认为基于互联网+环境的大学英语自主学习并不是放任自流的自由学习，教务部门、教师及网络平台管理员实施一定的干预非常必要，但仍然有部分老师认为自主学习是学生自己的事情，教师不应该干预过多。见表7–4，有28.9%的教师认为教师不应干预，可见这部分教师对于互联网+环境下大学英语自主学习的监控意义及重要性存在认识不足的情况，这必然会影响监控效果。

表 7-4 教师是否应对学生的大学英语自主学习适度干预

Valid	Frequency	Percent	Valid Percent	Cumulative Percent
0	4	1.9	1.9	1.9
完全不适合（完全不满意）	41	19.4	19.4	21.3
通常不适合（通常不满意）	51	24.2	24.2	45.5
有时适合（不表态）	54	25.6	25.6	71.1
通常适合（满意）	43	20.4	20.4	91.5
完全适合（非常满意）	18	8.5	8.5	100.0
Total	211	100.0	100.0	

（2）监控时间不能得到保障。

进行大学英语教师的问卷调查得知：有 1.4%（3 人）的大学英语教师认为无须费时对学生大学英语自主学习给予监控（0 小时）,11.8%（25 人）的教师认为监控时间应控制在 1 小时以下，45.5%（95 人）的教师认为监控时间应在 2 ~ 4 小时比较合适，29.9%（63 人）的被调查者认为监控时间应在 4 ~ 6 小时之间，而 10.9%（23 人）的教师认为监控时间可在 6 ~ 8 小时以上，见表 7-5。

表 7-5 英语教师认为每周用于自主学习监控的时间

Valid	Frequency	Percent	Valid Percent	Cumulative Percent
0	3	1.4	1.4	1.4
1 小时以下	25	11.8	11.8	13.3
2 ~ 4 小时	95	45.5	45.5	58.8
4 ~ 6 小时	63	29.9	29.9	88.6
6 ~ 8 小时	23	10.9	10.9	99.5
8 小时以上	1	0.5	0.5	100.0
Total	211	100.0	100.0	

但实际用于大学英语自主学习监控的时间仍显不足，在被调查的大学英语教师中，有 9 人（4.3%）每周用于监控的时间是 0 小时，有 69 人（32.7%）实际每周用于监控的时间在 1 小时以下，只有 92 人（43.6%）用于监控的时间在 2 ~ 4 小时之间，4 ~ 6 小时之间的有 27 人（12.8%），6 小时以上的只有 14 人（6.6%），见表 7–6。

表 7–6　每周实际用于学生英语自主学习监控的时间

Valid	Frequency	Percent	Valid Percent	Cumulative Percent
0	9	4.3	4.3	4.3
1 小时以下	69	32.7	32.7	37.0
2 ~ 4 小时	92	43.6	43.6	80.6
4 ~ 6 小时	27	12.8	12.8	93.4
6 小时以上	14	6.6	6.6	100.0
Total	211	100.0	100.0	

监控时间不足必然会影响学生网上自主学习的积极性，严重影响学生网上自主学习的效果。另外，赵凌云对湖北经济学院大学英语教师的网络自主学习监控状况进行了统计分析，结果发现：从教师网上监控时间按月统计来看，教师对基于互联网 + 环境的大学英语自主学习所实施的监控还存在时间分布不均的情形。一般来说，教师在学期初的一段时间里监控力度较大，然而在期中和期末时明显松懈，这将影响网上监控功能的发挥。

（3）监控内容片面。

教师在网络自主学习监控中的监控内容往往过于关注学生的知识水平，而忽视了对学生网上自主学习的过程监控，如忽视网络自主学习策略及学习态度和自我效能感等情感因素，这些因素不仅会直接影响学生网上自主学习的效果和效率，还会在很大程度上影响学生进行网上自主学习的持久性和积极性，是学生最终实现终身学习所必备的自学能力的重要组成部分。

（4）监控方式单一。

赵凌云对大学英语自主学习监控现状的分析发现，几乎所有大学英语教师都只利用英语网络教学平台所提供的教师教学管理模块来查看学生的网上学习记录，以此来实现网上自主学习的监控。然而，教学平台所记载的学生自主学习记录，只能简单地提供学生在网络学习平台的上网学习时间、网上作业的完成情况和测试完成情况及网页浏览情况等显性数据，却不能全面反映学生在课外自主学习活动过程中网上学习策略的选择、运用与调整，不能监控学习者在网络自主学习时的学习态度、学习动机、自我效能、学习归因、自信心等情感因素的变化，而这些都是影响网络自主学习效能的重要因素。因此，进一步完善网络技术平台，充分发掘网络技术监控，丰富监控手段，发掘网下监控方式，将传统学习监控与现代高科技的监控手段有机结合显得非常必要。

（5）自主学习实际监控效果与教师的个人感知误差较大。

课题组的调查表明，目前基于网络环境的大学英语学习自主学习监控存在认知不足、监控时间过少、监控内容片面、监控方式单一等问题，暴露出目前大学英语自主学习监控现状不佳、效果不好的情况，但当问及被调查教师对所在学校及教师个人的监控的满意度时，大部分老师的自我感觉良好，与自主学习的实际监控效果反差比较大，这说明部分大学英语教师对当前大学英语自主学习监控存在盲目乐观和不切实际的态度，见表 7–7、表 7–8。

表 7–7　教师认为自己对学生自主学习的监控很充分

Valid	Frequency	Percent	Valid Percent	Cumulative Percent
0	5	2.4	2.4	2.4
完全不适合（完全不满意）	12	5.7	5.7	8.1
通常不适合（通常不满意）	31	14.7	14.7	22.7
有时适合（不表态）	80	37.9	37.9	607
通常适合（满意）	75	35.5	35.5	96.2
完全适合（非常满意）	8	3.8	3.8	100.0
Total	211	100.0	100.0	

表 7-8　教师对本校目前的自主学习监控状况比较满意

Valid	Frequency	Percent	Valid Percent	Cumulative Percent
0	3	1.4	1.4	1.4
完全不适合（完全不满意）	21	10.0	10.0	11.4
通常不适合（通常不满意）	37	17.5	17.5	28.9
有时适合（不表态）	60	28.4	28.4	57.3
通常适合（满意）	64	30.3	30.3	87.7
完全适合（非常满意）	26	12.3	12.3	100.0
Total	211	100.0	100.0	

（二）大学英语自主学习监控的必要性

1. 自主与监控

自主学习具有能动性、独立性、有效性及相对性的特征。自主学习意味着自我负责、自我决策及能够独立地计划、安排自己的学习。根据国内外学者对自主学习的定义，我们知道自主学习既是一种学习态度、一种学习过程，更是一种学习能力。一个真正的自主学习者应该是一个自我意识强、能主动担负起学习责任的人，而监控则有监督、调节、检查、评估之意。从表面上来看，监控似乎与自主形成一种悖论，一方面，我们要求英语教师给学生放权，让其学习充分的自主，充分发挥其主观能动性，能自我制订学习计划、自我决定学习内容、自觉运用各种学习策略等；另一方面我们又要求教师、班主任、教务管理部门等对学生的学习要给予一定的干预，这难道不是相互矛盾，形成一种悖论吗？其实不然。正如辩证唯物主义所认为的，世界上任何事物都是一个矛盾的统一体，事物是矛盾的，又是统一的，有了矛盾，世界万物才有往前发展的内在动力。自主与监控也是如此。学习的自主性体现在学习者的能动性上，而学习又不是盲目的，必须有合理的引导、监督与评估，这就是监控，而监控的目的就是促进学习者更全面、更彻底地自主；自主与监控互为一体、相互联系、相互促进，最终达成一种和谐的统一。

2. 自主学习监控的必要性

（1）大学英语教学与教学改革发展的需要。

《教学要求》明确规定："大学英语教学的目标是：培养学生的英语综合应用能力，特别是听说能力，使他们在今后的工作和社会交往中能用英语有效地进行口头和书面的信息交流，同时增强其自主学习能力，提高综合文化素养，以适应我国经济发展的需要……""教学模式改革成功的一个标志就是学生个性化学习方法的形成和学生自主学习能力的发展……"随着教育部大学英语教学改革试点项目在全国范围内的实施与拓展，网络环境下大学英语教学模式，尤其是大学英语自主学习模式在教学理念、教学思路、教学方法等方面开展了一次全新的尝试。在试点教学中，我们发现学生身上蕴藏着巨大的学习潜能，学生不仅可以完成课内外学习任务，还能培养自主学习能力，并在今后的学习中受益。这种新模式在许多高校的大学英语教学改革与实践中已经初步显示出比较明显的优势。但是，我国网络环境下大学英语自主学习模式的实施通常比较注重知识内容组织、网络课堂设计、学习资料提供等方面，而忽略了对学生施加必要的学习监控措施。各种统计和调查表明，在缺少教师面对面的实时监控或权威辐射时，学生的学习效果主要取决于学生的学习动机、自主意识和自控能力的保持。网络学习环境需要高度的自我控制能力，而其面对的却是缺乏"自主性、独立性和自我控制能力"的自我控制水平较低的学习群体。因此，要解决这一问题，有必要对学生的学习实施积极干预，如进行学习目标的引导与规划、指导学习计划的制订、介绍学习策略并监控学习过程、评估与反馈学习效果等，同时为保证学习监控的落实到位，也很有必要建立一种学生、教师、管理部门、网络管理员、学习同伴等全员参与的多主体、多层面和多维度的多元监控体系，以确保自主学习的实效，巩固大学英语教学改革成果。

在对某大学的问卷调查中得知：48.8% 的大学英语教师认为对学生的英语自主学习实施必要干预非常重要，33.6% 的教师认为有必要，13.3% 的教师态度不明显，但只有 0.9% 和 1.9% 的教师表示教师的干预没有必要或完全没有必要。同时，有 44.7% 的被调查者认为，教务部门对学生的英语自主学习实施积极干预重要或非常重要，27.6% 的被调查者未发表意见，只有 16.2% 和 10% 的大学英语教师认为，教务部门没有必要或完全没有必要对学生的自主学习实施积极干预。可见，广大从事大学英语教学的英语教师对大学英语自主学习实施必要监控是持积极态度的，见表 7-9、表 7-10。

表 7-9 教师认为对学生的自主学习实施适当的监控非常必要

Valid	Frequency	Percent	Valid Percent	Cumulative Percent
0	3	1.4	1.4	1.4
完全不适合（完全不满意）	4	1.9	1.9	3.3
通常不适合（通常不满意）	2	0.9	0.9	4.3
有时适合（不表态）	28	13.3	13.3	27.5
通常适合（满意）	71	33.6	33.6	51.2
完全适合（非常满意）	103	48.8	48.8	100.0
Total	211	100.0	100.0	

表 7-10 教务部门对学生自主学习实施干预非常重要

Valid	Frequency	Percent	Valid Percent	Cumulative Percent
0	3	1.4	1.4	1.4
完全不适合（完全不满意）	21	10.0	10.0	11.4
通常不适合（通常不满意）	34	0.9	16.2	27.6
有时适合（不表态）	58	13.3	27.6	55.2
通常适合（满意）	49	33.6	23.3	78.6
完全适合（非常满意）	45	48.8	21.4	100.0
Total	210	100.0	100.0	

（2）学生自主学习能力提升及终身教育发展的需要。

大学英语教育的目标并不仅仅是英语语言知识的传授及实际应用技能的培养，更重要的是学生学习能力的培养和终身教育理念的培养。自主学习监控是一个系统工程，需要全员参与。我们应建立任课教师、年级辅导员、班主任、自主学习中心管理员、学生和学生同伴共同参与的多元监控体系，充分调动大家的积极性，形成合力，加强对学生自主学习的全程管理，不仅应管理班级学生的课内外学习内容、学习过程和学习进度，还要管理设备的安排和使用，了解学生并帮助学生提高语言能力及管理学生的信息，建立学习日志，自动录入学生的学习时间和学习内容，以便教师检阅学生登录时间段、登录次数、学习项目、学习时间、讨论次数、讨论内容的数量，以及习题成绩、测验成绩以进行统计分析，了解学生的不足，从而进行合理指导。通过学生自我激励、自我计划、自我调节和自我监控，辅之以教师的学习目标引导、学习策略的传授、学习过程的管理等外部监控手段，可以有效地培养学习者的自主学习意识，提升自主学习能力和终身学习能力，将学习者培养成为“学会认知”“学会做事”“学会共处”“学会成长”的21世纪新人。

（3）教育技术发展与普及应用的需要。

在互联网+时代，现代教育技术尤其是网络和互联网技术的普及带来了外语学习及外语教学改革的春天，但一种新技术的问世只有能促进生产力的发展和社会的变化才能真正体现新技术的生命力和存在价值。现代教育技术、多媒体、网络及互联网技术的普及打破了传统的教学模式，实现了外语教与学的超越时空性，并为基于网络环境的大学英语自主学习提供了必要的技术支撑。在这种新型技术支撑下、网络技术平台发挥了对学生个性化学习的指导与监控作用，保证了自主学习的效率。从何明霞课题组的相关问卷了解到，有56.9%的教师认为网络技术能很好地辅助教师对学生的英语学习情况进行监控，26.1%的人未发表具体意见。只有11.8%和3.8%的被调查者认为网络技术不能或完全不能辅助教师对学生的学习进行跟踪，见表7-11。充分发挥网络技术的优势，加强对大学生英语自主学习的过程管理，提高学习效率也是现代教育技术发展的客观需要，并有效验证了现代技术的科学性和普适性。

表7-11　网络技术能很好地辅助教师对学生英语学习情况进行监控

Valid	Frequency	Percent	Valid Percent	Cumulative Percent
0	3	1.4	1.4	1.4
完全不适合（完全不满意）	8	3.8	10.0	11.4
通常不适合（通常不满意）	25	11.8	16.2	27.6
有时适合（不表态）	55	26.1	27.6	55.2

续 表

Valid	Frequency	Percent	Valid Percent	Cumulative Percent
通常适合（满意）	86	40.8	23.3	78.6
完全适合（非常满意）	34	16.1	21.4	100.0
Total	211	100.0	100.0	

（4）提高自主学习效率的需要。

自20世纪90年代以来，尽管国内外学术界对于自主学习的内涵及实质的理解不同，对其定义众口不一，但多数学者对早期Holec的定义都表示认同，即“自主学习”是一种通过后天培养的、在学习过程中对自己学习负责的能力，具体表现在五个方面：确定学习目标、确定学习进度、选择方法技巧、监控学习过程、评估学习效果。有效的自主学习均要求学习者具备相应的自主学习素质和能力。他们首先需要的是自我管理能力，即Brenner所言的“高度的自律性、足够的自我组织能力和缜密的计划性”。然而，我国学者的多项研究表明，由于受传统教学模式、文化等因素的影响，中国学生在学习过程中普遍表现出依赖性较强、自我管理与约束能力较差、自主学习意识薄弱的现象，这当然会影响到网络自主学习的效果。因此，要保障基于网络环境的大学英语自主学习的效果，教师（包括班主任及辅导员）、学习同伴、网络学习平台管理员及教学管理部门的积极介入是非常重要的。

在基于网络环境的大学英语自主学习过程中，教师必须承担学习的组织者、指导者、帮助者等不同角色，因为自主并不一定意味着完全的独立学习。教师在促进学习者自我实现并定期向他们提供帮助方面起着至关重要的作用。教师的外部监控作用是保障自主学习效果的重要因素之一。教师对学生自主学习的监控应是全方位和多维度的，包括对学习目标与计划的监控、学习内容的监控、学习过程的监控、学习策略的指导、学习效果的评估及对学习者学习态度等情感因素的调控等。

（5）实现教师与学生角色转换的需要。

现代教育理念要求改变过去教师主宰课堂、学生被动学习的局面，因而实现教师与学生角色的转变是历史的必然，是新时代教育发展的需要。在新的教育理念下，以策略指导为基础的大学外语教学要求教师在传授语言知识的同时，要充当教学活动组织者、导师、学习资源的提供者、学习气氛的营造者、学习策略的传授者、学习过程的管理者、学习结果的评价者等多重角色，帮助学生设定学习目标、搜集合适的学习材料、选用合适的学习策略；而学生则要学会独立地学习。这种师生角色的重塑有助于改变过去传统的教师主宰课堂的权威格局。正如D.Thanassoulas（迪米屈斯·塔纳苏亚斯）所说的那样，“责任从教师身上转到学生身上，并不是凭空发生的，而是课程本身朝着以学习者为中心进行一系列改变的结果。自主学习者应该为自己的学习承担更多的责任，这不意味着教师就失去了作用，对语言学习过程中的一切都置之不理了”。柏拉图曾在《论教育》一书中说，“强迫学习的东西是不会保存于心里的”，可见培养学生自主学习能力的重要性。在这种新的教学与学习模式下，教师要从知识的传授者的角色转变为课堂教学的组织者和引导者，把学习的主动权还给学生，让学生主动发展、自我探究、不断进取，成为学习的主人，这样才有助于学生潜能的发挥和学生有个性的、特色的、持续发展人格的完善。

自主学习模式并不是对学生学习过程放任自由、不管不问，从表面上看，学生独立性的增强降低了教师的作用，实际上自主学习模式对教师提出了更高的要求，即要求教师为学生提供更多的独立学习和独立钻研的条件和环境；要求教师有更高的教学水平，如对学习材料及相关资料的选择与运用、对学生动机的唤醒和目标的确定、对学生学习结果的评价，都需要教师不仅要充分了解学生的知识水平、动机水平、个性特点、学习技巧、兴趣爱好等，而且还要根据这些特点采取不同的辅导方法来组织教学。

与此同时，学生的角色转换则要求他们同时应具备比较强的自我约束与个人自我管理能力，尤其是独立的决策能力和解决问题的能力；具备不断适应变化的能力，包括获取信息的能力、与他人和谐共处和团队合作的能力。新加坡学者认为具有以下学习特点的学生其学习是难以获得成功的：一是倾向封闭自己或不把合作看成是一种有效的学习方法；二是缺乏较强的批判性思维和创造性思维的能力；三是较差的决策和解决问题的能力。所以，一个成功的学习者应该是充分自主的、自信的、自我激励的，同时能有效寻求外界帮助、接受教师和同伴的监控，并乐于与他人合作的学习者。

五、自主学习监控目标、监控类型、监控原则与监控特征

（一）自主学习监控目标

自主学习监控的目的是为了“不监控”，变“要我学”为“我要学”，以实现学习者的充分自主。监控的发展会经历由他控到自控、从单维到多维、从局部到整体的过程。自主学习监控的最高境界是张向葵所说的“无痕监控”。

（二）自主学习监控类型

自主学习监控，按监控的发展阶段可以分为外部监控、自我监控和无痕监控三个阶段。

1. 外部监控

外部监控也叫他控，是指学习实践活动由他人（如任课教师、班主任、辅导员等）来调节管理。学习实践活动中的外部监控，既可以指教学管理部门、教学督导通过一系列规章制度和教学管理程序对学生学习活动的干预、管理与约束；也可以指教师、班主任、辅导员对学生学习实践活动的调节、干预与管理；还可以指网络环境下，利用网络技术平台进行的学习过程、学习事件的监督与管理。在外部监控的组成元素中，教师监控是核心力量。教师监控可以促进学生自我监控能力的发展，可以使学习监控由他控向自控转变，可以促进学生的学习实践活动由消极被监控到主动自我监控转变。

2. 自我监控

自我监控也叫内部监控（或内控），是指学习者以自己正在进行的学习活动为意识对象，不断进行监控和调节，包括对自身学习活动的计划、监察、检查、评价、反馈、控制和调节的一系列过程。在自主学习监控过程中，内部监控是监控的内在动力与主体，外部监控通过培养学生的自我监控能力发挥作用。二者相互作用，共同促进学习者自主学习意识和自主学习能力的提升。从静态的角度来看，自我监控分为自我监控知识、自我监控体验和实际自我监控。从动态的角度分析，自我监控可划分为计划、监察、检查、评价、反馈、控制、调节等一系列连续的环节。

3. 无痕监控

无痕监控是指充分自主、无须刻意追求、形成固定习惯的一种能体现高度自主和高效率的自主学习监控，这是自主学习监控的最高境界。它能充分发挥教师和学生的主动性、灵活性和创造性，富有春风化雨、润物细无声的美感，只须不露痕迹地暗示便可以在学习者心中留下深刻印象。实现无痕监控需要教师具有非凡的细心、耐心和爱心。具体来说，实现无痕监控的理想境界要求教师做到：树立民主的教育理念，由衷地尊重学生，平等地对待学生，营造宽松、和谐的学习环境等。

（三）自主学习监控原则

自主学习监控应体现“以人为本”的人文精神。具体来说，自主学习监控应遵守“积极与平等”“尊重与宽容”“有效与适度”“实时与长效”的原则，以实现监控主体的多元性、监控目标的明确性、监控策略的有效性的有机结合，从而提高自主学习监控的实效。

1.“积极与平等”原则

为调动学习者的英语学习积极性，营造和谐的英语学习氛围，在自主学习过程中，教师首先应该明白自己的角色定位，即教师是学习动机的激发者、学习目标的引导者、学习活动的策划者、学习过程的管理者、学习气氛的营造者、学习困难的咨询者、学习资源的提供者、学习效果的监控者与评价者等多元化角色，尽可能地创造一种民主和谐的学习氛围，激发大学生的英语学习动机和学习兴趣，提升学习效能，帮助学习者形成正确的学习归因倾向，并在学习监控过程中采取协商、激励等民主而平等的态度，加强与学生的沟通交流，使学生“乐学”。这是自主学习应遵守的第一条原则，即“积极与平等”原则。

2.“尊重与宽容”原则

在学习过程中，有些学生在困难面前会产生畏难情绪，甚至在基于互联网网络环境下的大学英语自主学习过程中，面对海量信息可能会表现出一种烦躁、焦虑和无所适从的状态，这时候，就需要老师、班主任及父母的理解和宽容、合理的疏导与积极的鼓励，这是自主学习监控的第二条原则，即“尊重与宽容”原则。

3.“有效与适度”原则

影响自主学习的因素有很多（包括自主学习意识、学习动机、自我效能感、学习态度、自主学习策略的选择与运用、学习环境等），因此对自主学习的监控不能强制或过度，否则会适得其反。坚持“有效与适度”相结合是自主学习的第三条原则，即对自主学习的监控首先必须要有明确的学习监控目标，同时要有科学的计划、合理的手段与情境、适当的时间与空间保证等。这样，学习监控才能真正有效。

4.“实时与长效”原则

对自主学习的监控应与学生的学习保持同步，同时建立一种长效机制是非常重要的。学生的自我监控及教师等外在因素的积极干预不能忽紧忽松、忽冷忽热，这就是自主学习监控的“实时与长效”原则。监控手段与措施的滞后、缺乏科学计划的半途而废，都不利于自主学习监控的有效实施。

（四）自主学习监控特征

自主学习监控在体现“以人为本”的人文精神，遵守“积极与平等”“尊重与宽容”“有效与适度”“实时与长效”原则的前提下，会呈现出监控主体的多元性、监控目标的明确性、监控策略的有效性等特征。

1. 监控主体的多元性

在自主学习监控中，监控主体呈现多元化趋势。在学生的自我监控过程中，学生是监控的主体，学生充分发挥其主观能动性，对其学习活动进行积极主动的计划、管理、调节、反思与评估。但在自主学习的外部监控中，教师、学习同伴、教务管理部门、教学督导是自主学习监控的主体，学生则是监控的客体，监控主体对监控客体实施积极的干预，以实现学习计划与目标。可见，在自主学习的过程中，存在多元性的监控主体，学生既可以是监控的主体，也可以是监控的客体。在特定条件下，监控主体和客体可以互换角色甚至互为一体。

2. 监控目标的明确性

为了保证自主学习监控的实效性，必须有明确的监控目标。没有目标的监控是无效监控，根本就无法实现自主学习监控的目的与实效。监控目标的明确性指监控任务应具体、科学并具有可操作性。没有明确监控目标的自主学习是盲目而低效率的。

3. 监控策略的有效性

自主学习监控策略是指为保证自主学习的效果而采纳的一系列方法与手段，如元认知监控策略、情感调控策略、资源管理策略等内部监控策略及教师、学习同伴、教务管理部门、网络平台管理员等共同参与的外部监控策略等。这些策略的合适与否直接关系到监控策略的实效。因此，监控策略的有效性是监控落实到位的关键。

六、自主学习监控内容

自主学习监控内涵广泛，包括对学习目标与计划的监控、对学习内容的监控、对学习时间的监控、对学习过程的监控、对学习结果的评价与总结等，构成了自主学习监控的立体化框架。

（一）对学习目标与计划的监控

在自主学习过程中，对学习目标与计划的监控非常重要。首先教师要做一份学习者的需求分析。需求分析包括社会需求和个人需求。社会需求其实也是由个人的需求所形成的，但我们这里所说的社会需求主要指社会和用人单位对有关人员外语能力的需求，而个人需求主要指学生目前的外语实际水平与他所希望达到的水平之间的差距。社会需求分为两大类：一是政府的外交或其他政治目的的需求；二是社会结构，如公司、学习和其他用人单位的需求。需求分析的另一个重要方面是对外语学习者个人的需求分析，近年来，“以学生为中心”的教学理念得到了越来越多人的认同。“以学生为中心”的实质是考虑学生的真实需求，尊重学生的学习个性和特点，培养学生的自主学习能力，而不能庸俗地理解为在课堂上让学生“说了算”，让学生去“表演”或“表现自己”。中国传统的“因材施教”，也就是根据学习者的实际情况来调整教学目标、设计教学方法等。现在，国外有些外语教学理论提倡“协商式大纲”，就是让教师和学生根据外语学习者的客观情况和实际共同制订学习目标、学习方案、评估方式等。

在基于网络环境的大学英语自主学习过程中，对学习者学习目标进行设计非常必要。大学生的学习目标设计通常是遵循常规分阶段走，可依据个人实际设定短期、中期及长期的学习目标。每一个小目标的实现可以增强学生的自信心，符合“最近发展区”理论，尤其对于学习基础薄弱、成绩不太好的学生而言，客观地制订学习计划可以激发学习者比较强的学习动机，并通过努力实现一个个小目标，最终实现量的变化。监控学习目标首先要培养学生的自我教育意识，只有当学生意识到学习的重要性，并将学习当作一种乐趣，学生才会主动设计学习目标，制订学习计划，并积极地采取有效的学习策略，在学习过程中进行自我管理、自我调节、自我评价，最终实现学习目标。教师的引导作用则体现在帮助学生确定自己的学习目标，这样学生就可以根据目标去安排时间，在学习过程中实现自我监控、自我评价，从而实现个性化发展。

（二）对学习内容的监控

心理学家布鲁纳（J. S. Burner）认为，学习是一个主动的过程。对学生学习内因的最好激发就是激发学生对所学内容的兴趣，即来自学习活动本身的内在动机，这是直接推动学生主动学习的心理动机。因此要提高学生自主学习效能和能力，教师必须提供各种满足学习者个性化需求的自主学习内容，并对学习内容进行收集、分类与评估，并根据知识更新的需要不断补充、完善，形成合理的自主学习知识体系。

（三）对学习时间的监控

学习时间是自主学习的保障性条件。没有时间保证的自主学习犹如空中楼阁，自主学习是无法实现的。因此，高效率的自主学习必须有严格的时间安排。学生应该知道自己在每个单位时间里需要完成的学习任务。

（四）对学习过程的监控

《礼记·学记》有言："学然后知不足，教然后知困。知不足，然后能自反也；知困，然后能自强也。故曰教学相长也。"这句话包含了深刻的教育学思想，即早期的关于"教"与"学"的元认知思想，这种理念要求教师与学生共同监控教学过程，最终达到"教是为了不教，学是为了会学"的最高境界。对学习过程的监控涉及三个环节：学习活动前的监控、学习活动中的监控及学习活动后的监控。其中学习活动前的监控主要指学习者对自身学习活动的计划与准备；学习活动中的监控主要指"意识、选择与执行"的有机结合；学习活动后的监控主要指对学习的反馈、补救和总结。

（五）对学习结果的评价与总结

教学评价是大学英语教学的重要环节，全面、客观、科学、准确的评估体系对课程目标的实现至关重要。传统的教学评价强调的是常模参照评价。关注个体在整体中的位置，热衷于分数排队、比较强弱胜负、对学习者的情感有负面影响。形成性评价以学生为中心，以建构主义理论为基础，强调对学生知识获得的过程进行评价，对学生的学习风格、态度、策略等方面进行评价。这种评价渗透到学习的每个阶段和过程，所以实际上已构成学习过程的一个组成部分。

此外，教师还可以根据情况可适当参考真实性评价。它是根据课堂教学内容和目标及学习者的真实表现来考查学习者学习进步情况的一系列评价程序，其中包括交际能力的评估、学习档案及学习者的各种自我评价报告。真实性评价更有计划性、更系统、更准确，也符合合作学习的评价理念，即“不求人人成功，但求人人进步”，因而受到较多学生的认同，但是由于它难以操控，需要进一步完善，并要求教师在实践过程中对学生进行更加客观、深入的了解。

总之，教师要通过对学生平时的学习和参与活动的有效记录和评价，将过程评价、动态评价与终结性评价结合起来，对学生进行全面评价和考核。使学生的学习活动纳入平时有效的管理和监督之下；同时开展自我评价、小组评价及教师在各教学阶段的诊断性评价等多种评价方式相结合的多层次评价，跟踪教学过程，以便及时调整教学计划和教学方式；还可以创立学生作品集、作业展，提供评价的说服力，这样能够对学生的学习情况进行客观公正的评价，反映学生的真实水平，还能有效地激发学生学习的积极性。

采取多元化评价方式，尊重学生的个性化差异。评价有自我评价、同伴评价、小组评价、班级评价、教师评价等多种形式，可设定各种形式的评价量表：一是基本知识技能的评价，包括作业评价、单元测试评价；二是学习过程、方法与学习习惯的评价，包括预习评价、课堂活动评价、学习效果反思与评价；三是应用能力的评价；四是情感态度的评价，包括参与态度、合作态度、个性表现、活动成果等。

第二节　自主学习多元监控体系探究

一、自主学习多元监控体系的构建

学习者在教师的指导和帮助下进行具有自我监控特征的学习具体表现在四个方面：一是对自己学习活动的事先计划和安排；二是对自己实际学习活动的监督、评价、反馈；三是对自己的学习活动进行调节、修正和控制；四是在充分完成以网络课件为主、网络教学平台资源库和考试平台为辅的自主学习全过程的同时，进行自我评价与相互评价并接受教师的评估对学习结果进行反思与评价，最终实现高密度、协作式的课堂学习和分散型、个性化课外学习的有机结合。

在教师、家庭成员等外部因素的积极干预下，要实现具有自我监控特征的高效率大学英语自主学习，有必要构建一种全员参与的多元化自主学习监控体系。互联网+视域下的大学英语自主学习多元监控体系，旨在实现外部控制和内部控制双管齐下，提高大学英语自主学习实效，培养学习者的自主学习能力。该体系由五个监控模块构成：一是自我监控模块，借助网络、多媒体等现代化教育手段，学习者以导向功能、控制功能、反馈功能、自我评估功能等自我监控的形式进行个性化、自主性学习；二是教师监控模块，对学习者自主学习策略进行指导，特别是对自我监控策略理论的介绍。教师向学习者介绍一些常用的自我监控技术，如自我记录技术、自我记分技术、自我提高技术，帮助学习者增强对学习过程的自我监控能力。通过网络监控学生的学习过程，将学习者作为监控对象，施以监视反馈和调节控制。教师在面授时要求他们讲述从网上课程学习中得出的结论，对各种结果进行评价与总结；三是督导监控模块，教学督导监控模块包括理论指导、信息收集、横向协调、纵向沟通等；四是教务监控模块，教务处对教师的教学和学生的学习进行监控和督导。教务处的监督功能包括大纲设计、学分认定、模式认定、效果评价等；五是技术监控模块，对在线学习时间、访问站点时间和频率进行跟踪与统计，并将统计资料输入在线数据库，再根据在线数据库中的数据对学习者在线学习时间的统计和学习进度进行形成性评估。通过提交数据分析报告、为学习者提供时间管理的反馈建议或警示，增强学习者对学习时间的自我管理意识。通过多元监控系统，适时地引导学习者端正学习态度、调整学习策略、有效地运用学习资源和现代信息技术手段进行自主学习，从而达到预期的学习目标。

多元监控体系是语言策略理论（元认知策略）与计算机监控技术相结合的新产物，项目组整合提炼并贯彻实施的大学英语自主学习监控体系，既遵循了学习者的英语学习规律，更体现了网络自主学习体系的特点，还注意了适应网络教育的学习条件。学习者可以根据自身实际制订个性化的学习方案，利用网络教学平台进行自主学习、自我监控和自我评估；教师利用网络平台上传资料、设计网上学习评论活动、布置作业和发布测试题，并对学习者的自主学习状况进行指导、监督和全程跟踪管理；教学督导和教务管理部门利用网络平台收集信息、组织管理及进行横向与纵向的沟通与交流；网络管理员则可以利用网络平台进行技术指导、资源上传、平台维护和网络管理。这样就形成了多主体、多层次和多维度的自主学习多元监控体系，为学习者进行个性化自主学习夯实了物质基础。

二、大学英语自主学习监控策略

学习策略是学习者在学习活动中有效学习的程序、规则、方法、技巧及调控方式。学习策略对学生自主学习能力和终身学习能力的培养是至关重要的。当代认知心理学家认为：没有任何教学目标比“使学生成为独立的、自主的、高效率的学习者”更重要。教会学生学会认知、学会学习，学会在自主学习过程中重新进行知识的建构是提升学生自主学习能力的有效途径。在信息化时代，一个称职的教师不仅要“授人以鱼”，更要能“授人以渔”。正因为如此，国内外教育学界及外语界对自主学习策略展开了充分的研究，并取得了丰富的研究成果。这些前期研究为基于网络环境的大学英语自主学习策略及监控奠定了坚实的理论基础。

大学英语自主学习监控按监控过程可以分为学习前的监控、学习中的监控和学习后的监控。按监控不同维度可以分为对学习目标与计划的监控、对学习内容的监控、对学习时间的监控、对学习过程的监控及对学习结果的评价与总结。按其监控路径则可分为内部监控和外部监控两种。内部监控也叫自我监控（自控），是指学习者以自己正在进行的学习活动为意识对象，不断进行自我监控和自我调节的活动，包括对自身学习活动的计划、监察、检查、评价、反馈、控制和调节的一系列过程。外部监控（他控）是教育管理者、教师或学习同伴通过传统的监控方式或网络媒介平台进行监控，通过对学习情况的评价、反馈、调节、强化等手段来影响学习者的学习过程，从而有效监控学习内在自主学习监控过程。内部监控是监控的内在动力与监控主体，外部监控通过培养学生的自我监控能力发挥作用。二者相互作用，共同促进学习者的自主学习意识和自主学习能力的提升。

自主学习监控策略作为学习策略的重要组成部分是任何自主性学习者在学习实践活动中都必须掌握和反复实践的；按监控路径分，有内部监控策略和外部监控策略两种。

（一）内部监控策略

外语学习的自我监控策略指的是学习者在语言学习实践活动中为达到预定的学习目标，将自身正在进行的语言学习与语言实践活动过程作为对象，不断地对其进行积极、主动、自觉的自我计划、自我监督、自我检查、自我反思、自我评价、自我反馈、自我控制、修正与自我调节的过程。美国著名的教育家杜威、心理学家桑代克及认知发展心理学家皮亚杰等学者曾分别从不同的角度论证说明了积极的监控行为在智力活动与学习活动中的重要性。研究表明，学习者对自身学习的知觉及随后对自己学习活动所实施的控制和调节是影响其外语学习成绩和自主学习效果的重要因素。自我调控策略包括元认知监控策略和情感调控策略。

1. 元认知监控策略

（1）元认知与元认知策略。

“元认知”概念最早是由美国心理学专家 Flavell 在 20 世纪 70 年代提出的。Flavell 用“元认知”这个术语来特指学习过程中的意识。元认知是学习者对自己认知活动的理解，是学习者评估自己的知识及他人如何理解自己信息的能力。Flavell 认为“元认知”就是认知主体对自身认知情况的理解，既包括认知主体对自身心理状态、能力、任务目标、认知策略等方面的知识，又包含认知主体对自身各种活动的计划、监控、评价和调节。O’Malley 和 Chamot 是关于学习策略研究的最有影响力的学者，他们依据学习认知心理过程，把学习策略分为元认知策略（metacognitive strategies）、认知策略（cognitive strategies）和社会 / 情感策略（social/affective strategies）三大类。

O’Malley 和 Chamot 认为这三种学习策略中，元认知策略高于另外两种学习策略，因为元认知策略是为了成功学习一门外语而采取的管理步骤，是学习者调控学习进程的行为，是一种高层次的实施性技巧，可以对学习进程进行计划、规范、监控指导。Oxford 认为，元认知策略涉及确定学习重点，安排学习计划和评价学习效果。在外语学习中，要使外语学习成为学习者自觉、能动的认知活动，可以利用元认知策略对外语学习的全过程进行有效的规划、监控和评价。元认知策略是策略结构中的枢纽，在学习过程中起着连接、沟通和协调学习策略系统内外各因素的作用。元认知策略是一些基本的思想方法，不但涉及认识和分析语言学习规划、制订学习计划、监控学习活动、调控和评价学习活动，也涉及监控和评价认知策略与技巧及情感或社会策略的使用情况。O’Malley 和 Chamot 指出，“缺乏元认知策略的学习者，根本没有方向或机会计划他们的学习、监控他们的进展情况或评价他们的学习效果和确定未来学习的方向”。

（2）自主学习与元认知的关系。

随着学术界对元认知策略研究的关注及其相关研究的兴起与发展，自主学习开始受到教育界及语言学界学者们的广泛关注。Holec 认为自主学习就是学习者在学习过程中“能够对自己的学习负责，也就是说，能够对有关学习各方面的问题进行决策”。关于什么是自主学习？自主学习该如何定义，学术界始终没有达成一致的意见。有人认为，自主学习是指学习者能够管理自己的学习方式，根据自己的实际情况独立确立学习目标、制订学习计划、选择学习方式和策略、监控学习过程、监控学习计划的实施及学习技能的运用和发展，进行自我检查评估与逐步发展。实际上，传统的英语教学往往只注重语言知识的灌输和英语技能的培养，而忽视外语学习者个体能力的差异，忽视学习者认知风格和认知策略的不同，没有给学生更多自主学习的机会。如果学习者过分依赖老师，不能独立自主的设定自己的学习目标与计划，也不能选择适合自己的学习策略，那么这样的学习者是难以实现其学习目标的。

从以上元认知和自主学习的定义及相互关系的论述中，我们可以看出这两者并不矛盾。相反，他们在很大程度上是相通的，因为元认知和自主学习都强调学习者对自身学习的监控、调节和评估。它们之间是相辅相成、互为前提、互相促进的。元认知理论为学习者提供了自主学习的理论基础，使自主学习成为可能，自主学习是元认知理论在学习方面的具体体现。学习者的自主学习是一种自己对自己的学习过程负责的能力，这种能力要依靠元认知策略来帮助学习者得以实现。

研究表明，元认知与个人的自主学习能力显著相关：元认知能力越强，学习能力越高。元认知能力强的学生能体验和意识到各种学习变量和学习方法的关系，善于使用各种学习策略。在自主学习过程中，元认知能力制约着学生对知识的感知、记忆、理解和运用，自主学习效率的高低、学习成功与否在很大程度上取决于学习者的元认知发展水平。

（3）自主学习中的元认知策略培训。

经过一段时间的摸索和试验后，研究者逐步达成了共识。他们认为外语学习策略的训练应该系统而长期地进行，将策略培训与外语教学相融合。教师向学生展示和示范将要使用的策略，学生结合教师所演示的策略，把他们应用到学习任务中。策略训练的目标不在于掌握策略的本身，而在于提高学习者的策略意识，扩大他们策略的选择范围，逐渐培养他们的自主学习能力，提高他们在学习过程中的自我监控和自我调节能力。

严明的研究表明，在实际的大学英语教学中，如果要提高学习者的元认知能力，英语教师可以尝试从以下六个方面来进行：

①要让学习者明确学习目标，了解学习任务。教学目标在课始、课中、课末时，都对学习者的行动有导向调节作用。在教学过程中要把本课堂的具体要求和应达到的程度都告诉学习者，让学习者心中有数，明确努力的方向。

②要让学习者掌握学习材料。培养学习者认真分析每种学习材料的性质、结构、难度、主次的能力，以便他们能合理分配学习的时间和注意力。

③要让学习者注意学习策略的使用。在完成学习任务之前，要让学习者充分考虑哪些策略可供使用，哪些策略能有效解决当前的学习任务，要有意识地学会选择有效学习策略。

④要让学习者把握自己的认知特点。教师要引导学习者充分认识自己的认知特点，了解自己的学习风格，并积极探索适合自己的英语学习方法。

⑤要让学习者学会对自身的学习过程进行有效的自我调节。教师要有意识地培养学习者在学习过程中能敏锐判断可能会出现的困难、障碍，准确分析这些问题出现的原因，并能适时地进行调整，总结有效的学习方法。

⑥要让学习者学会自我发展。教师要善于激发学习者更大的成就动机和内在

动力，激励学习者朝自己所定的目标去奋斗。

Oxford 提出了学习策略训练“步法”的模式：①确定学习者的需求和可利用的资源；②选择适当的学习策略；③考虑综合策略训练的优势；④考虑动机因素；⑤准备材料与设计活动；⑥操作“清晰和自觉的策略训练”；⑦评估策略训练；⑧矫正策略训练。Chamot 和 O’ Malley 提出认知性语言学习方法（the Cognitive Academic Language Learning Approach），简称 CALLA。CALLA 模式是从认知的角度研究语言的学习和策略的培养的。该模式指出，语言的学习是一项复杂的认知技能，必须经历一系列的阶段，如深入的练习、及时的反馈等，才能达到完全自主的学习状态。CALLA 程序设计的学习策略教学包括准备、展示、操练、评价、扩展五个阶段。以上所述的 Oxford 的策略训练“8 步法”模式和 O’ Malley、Chamot 所设计的 CALLA 模式得到最广泛的认可。

综合上述研究和观点，结合教学实践，自主学习中的元认知策略培训应从以下几个方面着手：

①培养学生自主学习的意识，增强学生自主学习的意愿。教师应该让学生意识到只在课堂上学习知识是不够的，是不足以掌握好一门语言的。课下进行知识拓展，并结合自身外语水平和学习情况加强听、说、读、写、译等方面的技能训练是十分必要的。此外，教师应该进行有效的引导，为学生提供多种渠道去获取更多的知识，并通过对文化、社会、文学知识的简单介绍增强学生对某个方面的研究兴趣，从而产生课下自主学习的强烈愿望。

②帮助学生纠正错误的思想观念，克服心理障碍。例如，一些学生由于基础薄弱或者初级阶段外语学习条件的制约导致口语水平较差，就把自己的落后归因于学习能力差，对自己外语水平的提高没有信心。此外，他们认为自己和优秀的学习者相比较没有任何可取之处，因此在课堂上紧张、畏惧，就更加不利于自己水平的提高。教师要鼓励这些学生客观地认识和评价自己在外语学习中存在的问题，找到真正制约自己的因素，并鼓励他们和教师及优秀学习者增进交流，了解更多更适合自己的学习策略。

③以“学生为中心”设计课堂活动，使学生充分发挥学习的积极性和创造性。转变传统的以教师为中心的教学模式，为学生创造发挥主观能动性的机会，给他们思考和行动的空间及自由。例如，课前布置预习任务，课上针对疑难问题提问并鼓励学生互相解决，教师给予总结归纳。还可以提供主题，布置小组任务，鼓励学生展开讨论并积极展示自己的讨论成果。通过各种方式使学生形成积极思考、独立解决问题的习惯。

④帮助学生了解和掌握自主学习的技能。教师在教学过程中要有目的、有意

识地给予学习策略的指导，帮助学生发现、了解并利用词汇、听力、写作等方面的规律和技巧，逐渐帮助学生养成在学习中发现、总结规律的习惯，并学会根据自己的学习需求和特点在实践中利用这些学习规律，形成适合自己的学习方法与学习风格。

⑤引导学生对自己的学习结果进行客观的反思和评估。教师应该引导学生反思自己学习的特点和方式，发现并发挥自己的优势和特长，同时也发现自己的弱点和不足，然后寻求更加有效的学习方法。总之，教师必须注重元认知策略的培训，只有这样，才能真正提高学生的自主学习意识，培养学生独立分析和解决问题的能力，才能真正解决自主学习的核心问题。

（4）元认知监控策略的内涵。

元认知是学习策略中的一个重要概念，它是对认知的认知，即个体对自己的认知过程和结果的意识与控制。元认知包括元认知知识、元认知体验和元认知监控。在元认知的三个要素当中，元认知监控最为重要。元认知监控是指学习个体在认知活动的全过程中不断地对认知活动进行积极的监督、控制和调节，以达到一种最佳认知效益状态。元认知监控过程主要表现在对学习计划、监督和调节三个相互联系的环节上。教师在教学过程中对教学策略的调节和学生在学习过程中对学习策略的选择、使用与调节均属于元认知监控内容。元认知监控具体体现在对学习目标的坚持性、学习策略的有效性、注意分配的合理性、利用时间的合理性、学习效果的有效性等方面的监控。

元认知监控的构成成分体现在如下三个方面：

①意识性：即在学习活动中清楚知道自己的学习目标、学习对象和学习任务。

②方法性：指在学习活动中选择并能采取适合自己个性特点和特定学习内容的学习策略。

③执行性：在学习活动中能有效控制并督促自己去执行学习计划、排除各种干扰因素、克服焦虑情感，保障学习的顺利进行。

在自主学习过程中，有效使用元认知监控策略需要做到以下几点：

①科学设定学习目标、制订合理且可行的学习计划。在计划执行过程中可以采取自我提问方式监控计划的执行。学习者可以经常反问自己：我要学什么？怎样学？学习效果如何？是否实现了预期设定的学习目标？通过这种方式可以不断增强学习者的自我监控意识，提升自我监控能力，尤其是元认知监控能力。

②不断进行自我反省。自我反省也可以称为自我反思，主要用于对学习方法和策略的指导，其主要内容包括反思掌握知识的认知过程，即对学习方法和对寻找解题路径的过程进行反思。

③适时进行自我调节。自我调节是学习者对已经完成的学习活动及其结果进行自我意识、自我评估，弄明白自己到底学了些什么。自我调节的学习是指学习者为了保证学习的成功、提高学习效率、达到学习目标，主动地运用与调控元认知、动机与行为的过程。

④提高自己元认知监控能力。研究表明，元认知监控能力与自主学习能力有密切的关系，提高元认知监控能力实际上是提高学习者进行自我规则、自我调节的能力。如归纳总结一些元认知监控策略，提高监控水平与监控能力。

2. 情感调控策略

情感因素作为非智力因素，在大学外语教学与自主学习中起着非常重要的作用。学习者在学习过程中对自身情感因素的调控直接关系到语言学习的效果，甚至关系到语言学习的成败。

情感指学习者在学习过程中的感情、感觉、情绪、态度等。在英语学习中，情感心理可以分为学习者个别情感因素（含学习动机、归因方式、自我效能、焦虑、抑制、自尊、自信心等）和学习者与学习者之间及学习者与教师之间的情感心理（包括移情、课堂交流、跨文化意识等）。情感因素的自我调控是学习者个体有意识地发挥情感因素的积极作用，排除或减小情感因素的消极作用。情感调控策略主要体现在对学习动机、归因方式、自我效能、自信心、学习态度、焦虑等情感因素的控制与调节。积极的情感参与是学生自主学习的动力因素，如教师的鼓励与关爱都会使学生感受到教师是关注他的，从而激发出一种内在学习动力去回报教师的关爱与期望，就有可能产生一种“皮格马利翁效应”，这种效应有利于孩子的成长与发展。下面重点介绍学习动机、归因方式、自我效能等情感因素。

（1）学习动机。

外语学习动机是直接推动学生外语学习的动力。不同的研究者从不同的角度对学习动机进行了不同的研究分类。Gardner 和 Lan1bert 将动机分为融合型动机（integrative motivation）和工具型动机（instrumental motivation）。前者指学习者对目的语社团有特殊兴趣，期望参与融入该社团而产生的学习愿望。影响学习动机的因素涉及认知（自我概念、自我效能、效价、主体感）、情感（包括动机、态度、需要、自信心、焦虑等）和社会环境（包括社会需求、外语教师、家长、同龄人、教学大纲等）等。Gardller 指出，动机是语言学习成功的最主要因素，因为动机和态度一起决定了学习者个体积极参与语言学习的程度，并决定着学习策略的选择。Oxford 也曾指出，在所有可测量的变革中，动机是所有学习策略使用中最具影响的因素。

（2）归因方式。

归因是指个体对自己的成功或失败所作出的因果解释。心理学研究表明，人对自己或他人的行为有一种比较稳定的归因倾向，有人倾向于行为的内部归因（能力或努力），有人倾向于行为的外部归因（运气或任务难度）。Weiner 认为，学生一般将自己的学习成败归因于四个因素：能力、努力、任务难度和运气，并将这四个因素分成控制点、稳定性、可控性三个维度，Weiner 的成败归因理论的三维度分析见表 7-12。

表 7-12 Weiner的成败归因理论的三维度分析

归因类别	成败归因维度					
	稳定性		因素来源		能控制性	
	稳定	不稳定	内在	外在	可控	不可控
能力	√		√			√
努力		√	√		√	
任务难度	√			√		√
运气		√		√		√

根据控制点维度，可以将学习成败原因分成内部的和外部的。根据稳定性维度，可以将原因分成稳定的和不稳定的。依据可控性维度，又可以将原因分成可控的和不可控的。如表 7-12 所示，能力是一种内在的、稳定的、不可控的因素；持久努力是一种内在的、稳定的可控因素；任务难度是一种外部的、稳定的不可控因素；而运气则是一种外部的、不稳定的、难以控制的因素。学生对学习归因的方式与其学习策略的有效使用密切相关。有研究表明，学习的努力归因与学习策略各项都存在着非常显著或显著的正相关关系，凡是把学习成败归因于努力程度的人，其学习策略水平都高。因为为了取得好成绩，这些学生在后续的学习过程中会根据学习需要自觉调整学习方式，激发新的学习动机，端正学习态度，改善外部学习条件或调控学习计划与学习行为，表现出较高的策略水平。

研究表明，学习者关于学习成功或失败的归因倾向对自主学习有非常重要的影响。Zimmerman 认为，如果学习者将自己的学习成功归因于能力，而将学习失败归因于努力程度不够，那么就更容易激发学习者学习的自主性；相反，如果学习者将自己的学业成功归因于外部不可控因素，而将学业成败归因于自身能力不足，那么就会影响其自主学习的主动性。Weiner认为，那些将学习失败归因于稳定的内部因素的学生，在学习过程中往往表现出消极、焦虑、低自尊。张庆宗认为，学习者倾向于将自己的学业失败归因于弥补的或纠正的原因，而将学习成功归因于自己的能力；即使学习有时导致不良的学习结果，这种自我保护性的归因也会引起积极的自我反应。如果学习者个人将成功或失败归因于学习策略的运用，也会直接诱发他们积极的自我反应。如果学习者个人将成功或失败归因于学习策略的运用，也会直接诱发他们积极的自我反应，如调整学习计划、改善学习策略；反之，如果将成败归因于自己的能力太差，则有可能引起消极反应，如放弃努力、悲观丧气等。可见，积极的归因态度有助于自主学习能力和水平的提高，消极的归因态度则不利于学习者的自主学习。

（3）自我效能感。

自我效能论是社会认知学派代表人物班杜拉提出的一种动机理论，自我效能指个体对自己能否胜任某项活动的自信程度，即“个体在执行某一行为操作之前对自己能够在什么水平上完成该行为活动所具有的信念、判断或主体自我把握与感受”。自我效能论作为一种动机理论，其理论基础是三元交互决定论，即从个人、行为和环境交互作用的角度来理解自主学习问题。研究表明，自我效能感是影响学生自主学习的重要内部因素。自我效能感具有四大重要功能：①影响或决定人们对行为的选择及对该行为的坚持性和努力程度。如果学习者的自我效能感强，则更具坚持性和恒心；②影响学生对待学习困难的态度。学习效能感越强，越具有挑战困难的勇气，更愿意挑战完成有一定难度的任务；反之，自我效能感低的学习者则比较容易气馁；③影响学习者的思维模式，进而影响新行为的习得和行为表现；④影响学习者的情感反应模式，即影响学习时的情绪。高效能感个体在与环境发生交互作用时，通常非常自信地认为自己有能力把握环境，因而能将注意力集中在对任务要求及困难的把握上，通常具有积极、平静的良好情绪；而自我效能感低的个体则会更多地将注意力放在可能失败和不利的后果上，其结果是产生焦虑或恐惧的情绪，从而阻碍已有行为能力的表现。总之，高自我效能感个体在学习过程中通常表现得自信、积极、勇于挑战困难；而低自我效能感个体则显得不自信、焦虑、恐惧与不安，经常会逃避困难。

国内外许多学者的研究表明，自我效能感是影响学生自主学习的非常重要的动机因素，学生的自我效能感与其认知策略、控制策略、努力程度显著相关。Schunk认为，在自主学习过程中，自我效能感既影响学习者的目标设置过程，又影响其学习的自我调节过程。学生的自我效能感越强，通常为自己设置的学习目标越高，对学习的自我调节能力也越强。自我效能感也影响学生对自主学习策略的运用。学习策略的低水平与自我效能感的低水平是并存的。自我效能感在自主学习计划、行为表现和自我反思阶段都会产生相应的影响。相信自己能完成学习任务的学生，会更主动地运用认知和元认知策略，学习也会更加努力。自我效能感高的学生能更有效地使用自主学习策略、监控学习过程，遇到困难时更能持之以恒。同时，随着自我效能感的提高，学生对自己的学习结果所做的评价会提高，学习会自如地进入一种良性循环状态。Zimmerman 的研究表明，自我效能感与学生的评价、组织、计划、目标设置等自主学习能力呈正相关。学生的自我效能感通过目标设立、自我监控、自我评价、策略运用等自主学习过程来影响他们的学习动机。学生越觉得自己的能力强，越会选择有挑战性的学习目标。国内学者周勇、董奇的研究发现，学生的自我效能感越高，其自主性也越高；而自我效能感低的学生在学习自主性方面也表现不佳。另外，自我效能感与学业成绩也呈正相关。自我效能感会影响学生的目标等级，进而直接或间接地影响学生的成绩。自我效能感是影响自主性学习的一个重要动机变量。

张庆宗归纳总结认为，自我效能感不仅影响学生的学业目标选择、付出努力、意志控制，同时影响学习策略的选择，进而影响学业成绩。外语教师的另一个重要任务是尽可能帮助学生提高其自我效能感水平，这是培养学习者自主学习能力、提高学习水平的重要手段。

3. 学习资源管理策略

学习资源管理策略（Resource Management Strategies）是辅助学生管理可用环境和资源的策略。进行学习资源管理的目的是帮助学生适应环境及调节环境以适应自己的需要。学习资源管理策略对学生的学习动机具有非常重要的作用。学习资源管理策略包括对学习时间的管理、对学习环境的管理、寻求他人支持等。

（1）学习时间的管理。

时间是影响学习效果的一个变量因素。但学习时间不一定与学习效果成正比。国外的研究者在相关研究过程中区分了两个重要的时间概念：一个是可以利用的时间量，具体体现为教师教学时间的分配（可用时间）；另一个是实际利用的时间量（积极学习时间）。研究表明，学生在一定的可用时间内参与学习活动的积极时间越长，对提高学习成绩的贡献度就越大，即学生的积极学习时间与学习成绩之间存在正相关。进行有效时间管理的策略如下：①科学计划，合理安排学习时间，制订详细的学习时间安排表；②主动参与学习，提高学习效率，并做好学习情况记载，如写学习日记；③选择难度适度的学习任务，保证学习活动的顺利完成。

（2）学习环境的管理。

良好的学习环境可以营造一种良好的心理氛围，促使学生以良好的心境轻松愉快地投入到学习活动中。教师要创设有效的学习环境，营造民主和谐的学习氛围、搭建舞台、创设机会。在教学活动中，一个有经验的教师应该在教学活动中尽可能留有空间，让学生去确定学习目标、选择学习方法和体验成功与失败；要创设机会，让学生去争取和把握；要创设氛围，让学生去渲染与感受；要激发激情，让学生去感受和接受。教育学家苏霍姆林斯基说过，“促进自我教育的教育才是真正的教育”。只有教师的教育与学生的自我教育协调发展，形成“共振”的时候，教育才是有效的。要提高学习者的自主学习能力，努力创设一种民主和谐的自主学习环境就显得非常重要。自主学习不是学生自己在一个封闭环境中的埋头自学，而是需要一个轻松和谐的环境，也需要教师的指导与鼓励、学习同伴的合作与相互交流，这样师生之间、生生之间才能发生思维的碰撞，才能产生智慧的火花，才能在民主、合作、探究的氛围中提升自我。

（3）寻求他人的支持。

资源管理策略的另一个重要成分便是寻求他人支持。在自主学习过程中，尤其在互联网＋视域下的大学英语自主学习中，面对海量信息及多媒体、超媒体技术，学生难免会产生学习畏难情绪，碰到困难时，甚至会陷入学习困境。这时最有效的应对策略便是寻求外界的帮助和支持，如寻求教师帮助、伙伴帮助，进行小组合作学习、获得个别指导等。自主学习并非关起门来孤立学习，而必须与他人相互切磋，相得益彰，正如《学记》有言：“独学而无友，则孤陋而寡闻。”

（二）外部监控策略

外部监控策略指教师、教学管理部门、学习同伴等外在力量对学习者的自主学习活动的适度介入、监督、评价、控制等一系列活动。主要包括：教师角色介入；同伴相互监控；班主任及辅导员介入；教学管理机构（含教学督导）介入；网络技术监控。

1. 教师角色介入

在基于计算机网络的外语学习环境下，教师在自主学习中的作用不是减弱而是加强了。教师可以利用各种机会，适时地引导学生探索适合自己的学习方式，主动学习，确定学习目标，制订阶段性学习计划并监控学习过程，评估学习结果。正如我国著名教育家叶圣陶老先生所说，“教师之主导作用，亦在下善于引导启迪，俾学生自奋其力，自致其知，非为教师滔滔讲说，学生默默聆听”。

随着网络技术的普及与发展，大学生的学习环境面临着革命性的变革，同时学生会在海量的学习信息面前表现的束手无策，教师进行合理的角色介入就显得尤其重要。我们认为教师在大学英语网络自主学习过程中扮演以下十大角色：帮助者（facilitator）、组织者（organizer）、激发者（motivator）、监控者（monitor）、指导者（guide）、诊断者（diagnostician）、学习顾问（counselor）、协调者（negotiator）、个体差异的发现者和指导者（individual difference detector）、评估者（evaluator）。

（1）作为帮助者。

在互联网＋视域下的大学英语自主学习过程中，教师的帮助必不可少。学生在确定学习目标与计划时会期盼着老师的指导与帮助，使其学习目标明确、学习计划可行。同时教师还兼有资源的提供者的角色，有责任向学生推荐真实的语言学习材料和其他学习资源、有用的英语学习网站；帮助学生了解、认识整个网络自主学习系统的庞大功能及它对于英语学习的重要性。

（2）作为组织者。

教师应利用网络资源和自主学习的平台，组织各种课内课外的教学活动，包括个体活动（individual activities，如让学生同计算机中的任务进行“对话”、练习语音、快速阅读）、两人活动（pair work，如 E-mail 交流）和小组活动（group work，如在线论坛）。

（3）作为激发者。

教师可以帮助学生设立自主学习目标，建议完成目标的方式方法，应常与学生沟通，增强学生通过自主学习平台和其他手段完成学习目标的信心。实行情感教育，激发学生的学习动机。培养学生学习英语的主动性、学习动力和学习心理优势，必须培养学生学习英语的兴趣和情感，对学生倾注真挚的关爱和热情。

（4）作为监控者。

教师应能监控学习者学习目标与计划的制订及执行情况，要能通过多种途径随时监控学生的学习进度及学习效果（如通过网上作业上传、组织学生开展讨论、通过 E-mail、QQ、微信等方式交流）、监控学生的学习质量（如严格设定每通过一个单元的学习与测试才能进入下一学习流程）、监控学生自主学习时间。

（5）作为指导者。

教师要有计划地、系统地向学生介绍学习内容、进度、作业布置、时间安排及教学目标，并针对不同学习内容提供不同的学习方法。在大学英语网络自主学习过程中也应为学生指明正确的自主学习方向，比如，如何在繁杂的学习资源中选择适合自己需要的；采取哪些学习策略，从而将自主学习与课堂英语学习相结合。

（6）作为诊断者。

教师应定期对学生自主学习情况进行诊断、及时发现、排除阻碍学生下一阶段自主学习进展的障碍。借助 E-mail 等迅速、有效的渠道与学生交流探讨问题。

（7）作为学习顾问。

当学生面临学习困难或陷入困境时，教师要能及时为学生排除学习障碍，给予有效的学习建议，提供及时的帮助，鼓励学生克服困难，找到解决问题的办法。

（8）作为协调者。

所谓协调者，指的是教师在学生自主学习过程中应能协调可能出现的各种矛盾与问题，如学生与学生的矛盾、学生与教辅资源的矛盾、学生与老师之间的矛盾等。教师协调者的角色是自始至终贯穿于大学英语教学与网络自主学习整个过程中的。

（9）作为个体差异的发现者和指导者。

因材施教是大学英语教学应遵循的重要原则，这就要求英语教师要注重分析学生的个体差异，了解个体不同的学习风格，实行个性化辅导教师。要开展一系列监控、指导、诊断、评估等教学活动，还应定期地、有针对性地对个体学生进行跟踪调查研究，给予个别指导和鼓励。

（10）作为评估者。

建立科学的评价体系，依据科学评价尺度，加强对学习过程和结果的评价，可以有效促进教学目标的实现。作为评估者，教师对学生的网络自主学习既要进行反映学习结果的终结性评估，同时也要进行反映自主学习过程的形成性评估，将过程评估与结果评估有机结合起来。

在基于互联网 + 环境的大学英语的教学与实践中，大学英语教师必须更新教学理念，确立新的教育观念。新的教育观念包括新的教学观、新的课程观、新的讲授观和新的评价观。新的教学观，即由师生互动过渡到学生互动和人机互动，逐步确立学生在教学过程中的中心地位；新的课程观，即由师生以教材为中心过渡到学生以计算机和课件与教材的有机结合；新的讲授观，即由面面俱到的以教师唱主角的“填鸭式”讲授过渡到促进学习者进行主动知识建构的、按知识结构体系来进行的讲授，实现以“导学”为主的精讲多练，在教学中充分发挥学习者的自主性、积极性和主体性，从“教”变“导”；新的评价观，即通过改革课程考核评价体系将注重学习过程的形成性评价与体现学习结果的终结性评价有机结合，实现评价体系的创新。

2. 同伴相互监控

同伴相互监控是自主学习外部监控的重要组成部分，也是合作学习的有效途径。同伴相互监控基本内容和方法有：①共同制订学习计划并签订互助协议；②共同约定学习内容并按计划和约定实施定时定点相互检查；③设计交互活动，如结对活动或小组学习与讨论活动，并相互监督实施；④相互检查学习结果，并给予评价，给出学习策略调整建议；⑤在完成学习周期后，各小组成员给同伴给予真实合理的评价意见，即进行小组成员互评。

3. 班主任及辅导员介入

班主任和辅导员作为大学生生活及学习管理成员的重要组成部分，与各学习者联系密切，对学习者的个性特点、生活及学习习惯往往比较熟悉。因此班主任及辅导员对大学生英语自主学习给予适当的干预往往会起到意想不到的效果。其积极干预主要表现在以下几个方面：①进行人生观和理想观教育。大学英语教育往往能搭建大学生事业起飞的平台。人性化的人生观和理想观教育会激发学生的学习动机，使其明白外语学习在其终身教育和个人事业发展中的重要意义；②进行学习策略的引导与培训；③进行学习时间的管理，通过建立一些量化考核标准可以督促学生有效安排自己的自主学习；④对学习结果给予积极反馈，进一步激发学习者的学习热情。

4. 教学管理机构介入

教学管理机构介入主要指教务管理部门通过学分制、教学督导制等方法手段对大学英语自主学习采取的一系列积极干预。首先，通过制度建设将自主学习纳入学分管理，体现学校对大学生英语自主学习的重视，从而有效保障大学英语自主学习的实效。其次，通过教学督导制加强对自主学习的监督管理。教学督导监控模块包括：理论指导、信息收集、横向协调、纵向沟通等。

5. 网络技术监控

网络技术监控指大学英语教师或网络学习平台的管理员充分利用网络平台的管理功能对学习者的网络自主学习实施的实时监控，包括登录注册，上网学习的时间记载，浏览内容，练习及测试成绩评价，聊天记录，教师辅导答疑，生生、师生及人机互动情况等给予详细记载，并可以形成书面报告，可供教师参考，全面了解学生在基于互联网+平台的大学英语自主学习情况，成为形成性评价的一个重要组成部分。

参考文献

[1] 阿坝.论信息化视域下高职英语微课教学的运用[J].智库时代,2019(27):161-162.

[2] 蔡建东，段春雨. 高校教师网络教学的影响因素与提升策略——基于结构方程模型的实证研究[J].电化教育研究，2016（2）.

[3] 岑嵩.翻转课堂视域下大学英语教学理念重构刍议[J].英语广场,2019（07）:101-102.

[4] 陈晨."互联网+"背景下大学英语教学改革创新研究[J].黑龙江省政法管理干部学院学报,2018（06）:159-160.

[5] 陈品. 大学英语教学理论与实践[M].天津：南开大学出版社，2013.

[6] 程思.探究微课在大学英语教学中的引入思路[J].学周刊,2019（22）:10-11.

[7] 杜柯含.互联网+背景下大学英语翻译教学模式探讨[J].北极光,2019（01）:142-143.

[8] 付思.基于"互联网+"的大学英语移动学习模式构建[J].黑龙江教育（高教研究与评估）,2019（06）:46-48.

[9] 郭爱平.翻转课堂在高校英语教学中的运用[J].鄂州大学学报,2019（03）:69-71.

[10] 郭美玲."互联网+"时代背景下大学英语教学改革与发展研究[J].北极光,2019（06）:138-139.

[11] 郭绍青."互联网+教育"对教育理论发展的诉求[J].华东师范大学学报（教育科学版）,2019（04）:25-37.

[12] 郭伟锋."互联网+"时代的大学英语教学策略研究[J].学周刊,2019（18）:7.

[13] 胡曦."互联网+"背景下大学英语翻转课堂教学问题与对策阐述[J].英语广场,2019（05）:79-80.

[14] 黄燕."互联网+"背景下大学生英语自主学习能力创新培养模式的研究与实

践 [J]. 科教导刊（中旬刊）,2019（06）:189–190.
[15] 黄瑱 .“互联网 +”时代背景下大学英语教学改革路径探析 [J]. 新西部 ,2019（12）:150+145.
[16] 焦建利．微课及其应用与影响 [J]. 中小学信息技术，2014（4）.
[17] 孔敏素 , 董丹晔 .“互联网 +”背景下大学英语专业词汇教学研究与实践 [J]. 黑龙江教育学院学报 ,2019,38（03）:139–141.
[18] 蒯莉萍 .“互联网 +”背景下的大学英语词汇教学策略 [J]. 英语广场 ,2019（04）:91–93.
[19] 黎加厚．微课的含义与发展 [J]. 中小学信息技术，2013（4）.
[20] 李慧 .“互联网 +”教育背景下大学英语翻转课堂教学模式研究 [J]. 佳木斯职业学院学报 ,2019（07）:159–160.
[21] 李志文．网络教学资源建设与应用 [D]. 济南：山东师范大学，2003.
[22] 刘慧 . 大学英语微课教学创新模式研究 [J]. 河北工程大学学报（社会科学版）,2019,36（02）:77–79.
[23] 刘俊玲，曾薇．慕课在高校英语教学中的应用研究 [J]. 课程研究，2016（5）.
[24] 骆焕玲 .“互联网 +”背景下大学英语专业词汇教学研究与实践 [J]. 中国校外教育 ,2019（18）:84–85.
[25] 孟丽华，武书敬．网络环境下大学英语教师专业素质发展研究 [M]. 北京：外语教学与研究出版社，2015.
[26] 牛腊婷 . 翻转课堂理念下大学英语混合式教学模式探究 [J]. 智库时代 ,2019（27）:193–194.
[27] 欧阳日辉．从“+ 互联网”到“互联网 +”——技术革命如何孕育新型经济社会形态 [J]. 人民论坛 · 学术前沿，2015（10）.
[28] 戚博蕴 . 翻转课堂下的大学英语教学探析 [J]. 佳木斯职业学院学报 ,2019（07）:165–166.
[29] 邱君．大学英语语法教学的基本原则和操作方法初探 [J]. 高等学刊，2015（11）.
[30] 帅婷 .“互联网 +”背景下英语专业听力课程教学改革与实施 [J]. 英语广场 ,2019（06）:98–99.
[31] 苏小兵，管在琪，钱冬明等．微课概念辨析及其教学应用研究 [J]. 中国电化教育，2014（330）.

[32] 隋晓冰. 网络环境下大学英语课堂教学优化研究 [D]. 上海：上海外国语大学，2013.
[33] 王冰莹. 微课在高校英语教学中的应用 [J]. 智库时代 ,2019（28）:245、274.
[34] 王广新. 微课设计与制作的理论与实践 [J]. 远程教育杂志，2014（6）.
[35] 王明明. 基于慕课模式的大学英语教学改革 [J]. 英语广场 ,2019（07）:117–118.
[36] 王倩 ."互联网 +" 背景下大学英语教学内容及教学方式的转化 [J]. 佳木斯职业学院学报 ,2019（02）:181–182.
[37] 王耀伟 . 浅析"互联网 +"背景下的高校英语专业教学改革 [J]. 佳木斯职业学院学报 ,2019（05）:104–105.
[38] 王莹 ."互联网 +"时代大学英语教学的挑战与机遇 [J]. 新西部 ,2018（36）:155、165.
[39] 魏东新 ."互联网 +"背景下的大学英语教学与创新能力培养 [J]. 教书育人（高教论坛）,2019（15）:110–112.
[40] 谢巧珍 ."互联网 +"背景下英语翻转课堂教学创新 [J]. 亚太教育 ,2019（05）:10.
[41] 许坤 , 李阳阳 ."互联网 +"时代背景下高校体育教学改革与发展研究 [J]. 青少年体育 ,2019（05）:110–111.
[42] 尹茵茵. "互联网 + 教育"在我国的发展历程探析 [J]. 文教资料，2016（16）.
[43] 张晶 ."互联网 +"时代大学英语"翻转课堂"教学模式探究 [J]. 牡丹江教育学院学报 ,2019（05）:55–57.
[44] 张丽超 , 郑平坪 . 慕课背景下高校英语教学模式创新研究 [J]. 科技风 ,2019（16）:31.
[45] 张青，胡志华 . 移动互联网与高等教育变革 [J]. 理论月刊，2016（ 3）.
[46] 赵萍 ."互联网 +"背景下民办院校大学英语听力提升策略研究 [J]. 智库时代 ,2019（09）:146、161.
[47] 郑会芝 ."互联网 +"环境下的大学英语教学模式重构 [J]. 佳木斯职业学院学报 ,2019（06）:127–128.
[48] 郑著元，汪莹. 网络环境与大学英语课程的整合化教学模式概论 [M]. 北京：中国水利水电出版社，2015.
[49] 周双艳 .MOOC 引领下应用型高校多元化教学模式探析 [J]. 北京城市学院学报 ,2019（03）:51–55、61.

[50] 周伟. 网络环境下的大学英语听力自主学习模式的构建[J]. 海外英语，2016(19).

[51] 周延 . 慕课环境下民办院校大学英语混合式教学模式研究 [J]. 黑龙江教育学院学报 ,2019,38（06）:130–132.

[52] 左佳欣 . “互联网 +” 时代大学英语教学发展的批判性思考 [J]. 读与写（教育教学刊）,2019,16（06）:4、9、259.

[53] Dan Xu. *Research on New English Mobile Teaching Mode under the Impact of Mobile Internet Age*[J]. Open Journal of Social Sciences,2019,07（05）.

[54] Dandan Zhao. *Teaching practice of Internet information technology in College English Course*[J]. IOP Conference Series: Materials Science and Engineering,2018,322（5）.

[55] Fernando Moreira,Carla Santos Pereira,Nat é rcia Durão,Maria João Ferreira. A comparative study about mobile learning in Iberian Peninsula Universities: Are professors ready？ [J]. Telematics and Informatics,2018,35（4）.

[56] Songbin Bao. *Research on New Teaching Model of College English Integrated with Mobile Learning*[P]. 2018 2nd International Conference on Education Science and Economic Management （ICESEM 2018）,2018.

[57] Wenqian Sun. *Exploration on the Reform and Innovation of College English Teaching Against the Background of "Internet Plus"*[P]. Proceedings of the 3rd International Conference on Culture, Education and Economic Development of Modern Society （ICCESE 2019）,2019.

[58] Xiuyan Qu. A Study on the Effects of College English Writing Teaching Based on Flipped Classroom Mode[D]. 佳木斯大学 ,2017.

[59] Zhengrong Ma. *Construction on Multidimensional Homework System for College English on the Background of Internet Plus*[P]. 2018 4th International Conference on Education Technology, Management and Humanities Science （ETMHS 2018）,2018.